MY

茶の湯

NOTEBOOK

淡交社

JN013900

目次

茶碗
茶杓
茶入
薄茶器
茶花
菓子

「MY 茶の湯 NOTEBOOK」の使い方

茶の湯で出合ったすてきなものを気軽に記録できるのが、このノートです。お稽古でいただいた菓子銘をサッと書きとめたり、茶会の思い出をイラストで残したり、美術館で出合った道具を整理しながら記録したり、使い方は自由自在。記録していくことで記憶に残るので勉強にもなります。

1 場所

お茶会やお稽古場、美術館など。すてきなものに出合った場所を書いてください。

2 作品名

作品名や銘、通称など。まずは思い出せる部分だけでも書いてみましょう。正式な名前は後で聞いたり調べたりして OK です。

3 作家名

作家名は、もちろんわかる範囲で OK です。

4 評価

感動度やレア度など、自分だけの基準で星をつけてみてください。

5 イラスト・スケッチ

色鉛筆でも、ボールペンでも。カラーでもモノクロでも。適当でも、本気でも。自分の思うまま、自由に描いてみてください。

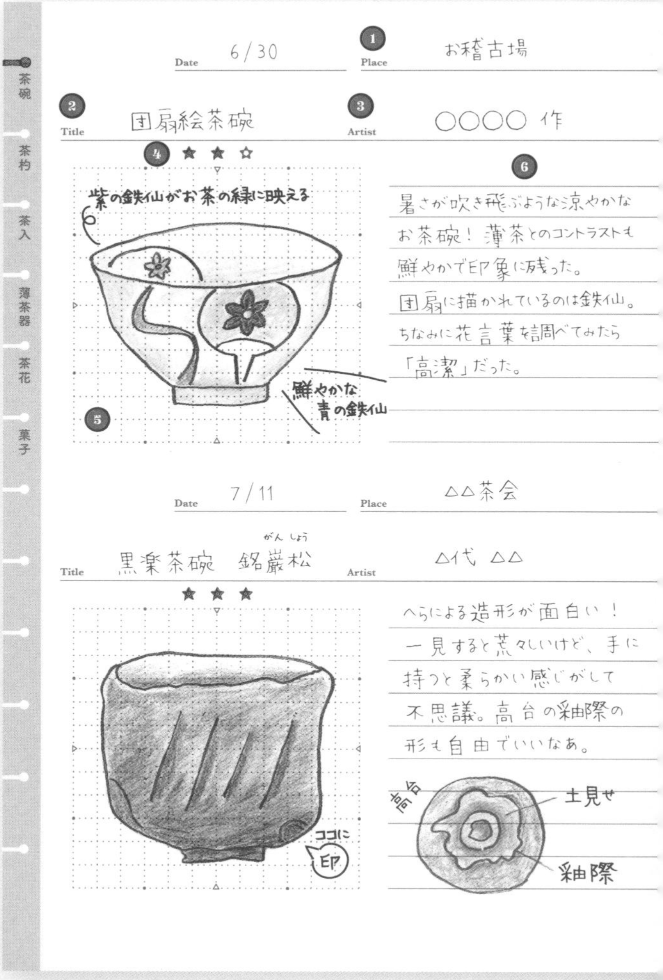

〔 2段組ページの場合 〕

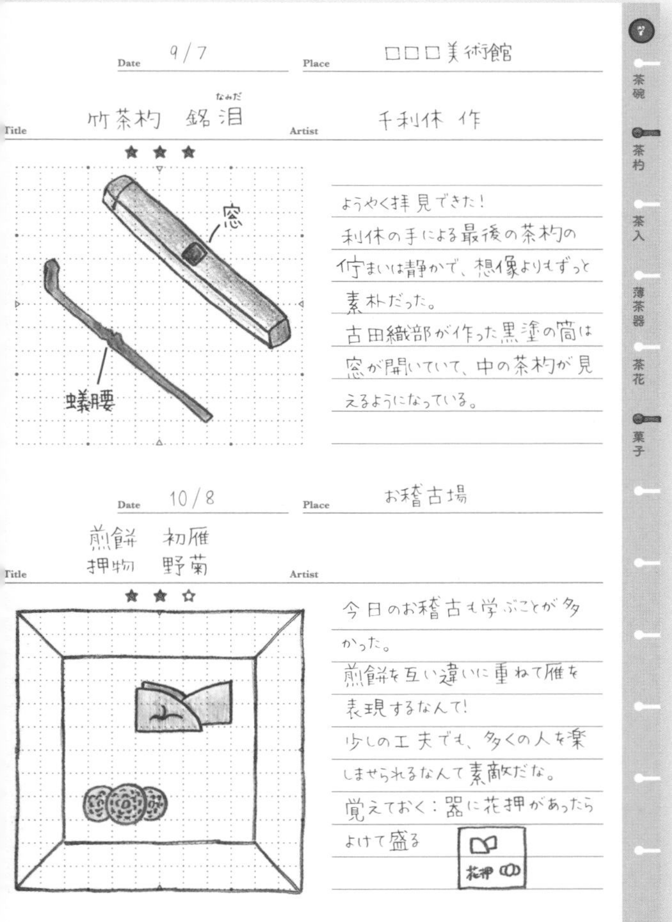
Date 9/7
Place □□□美術館
Title 竹茶杓　銘 泪《なみだ》
Artist 千利休 作
★★★
窓
蟻腰
ようやく拝見できた！
利休の手による最後の茶杓の
佇まいは静かで、想像よりもずっと
素朴だった。
古田織部が作った黒塗の筒は
窓が開いていて、中の茶杓が見
えるようになっている。
Date 10/8
Place お稽古場
Title 煎餅　初雁
押物　野菊
Artist
★★☆
今日のお稽古も学ぶことが多
かった。
煎餅を互い違いに重ねて雁を
表現するなんて！
少しの工夫でも、多くの人を楽
しませられるなんて素敵だな。
覚えておく：器に花押があったら
よけて盛る
花押
茶碗
茶杓
茶入
薄茶器
茶花
菓子

6 メモ欄

感想や印象、先生から教わった内容を書いたり。箇条書きにしたり、P5の例のようにチェックボックスをつけてみてもいいですね。

7 インデックス

描いたものの種類ごとに鍵穴状の空白を塗りつぶせば、あとで見返すとき、どこになにが描いてあるのか一目瞭然です。インデックスは自由に設定することもできます。どう設定したか、1ページ目のインデックスにメモしておけばばっちりです。

茶道具を描くのは難しいなあ、と思ったら

P6-19『茶道具を描いてみよう』を参考にしてみてください。
豊富なイラスト例を見ながら、複雑な構造に思える道具がスラスラ描けちゃいます。道具の部分名称・拝見ポイントを読むだけでも茶の湯の勉強になりますよ。

1段組ページの場合

大きなキャンバスもあります

お気に入りに出合ったとき、茶会ごとに思い出をまとめたいとき、2段組ページじゃ描き足りないかもしれません。そんなときは1段組ページの出番です。

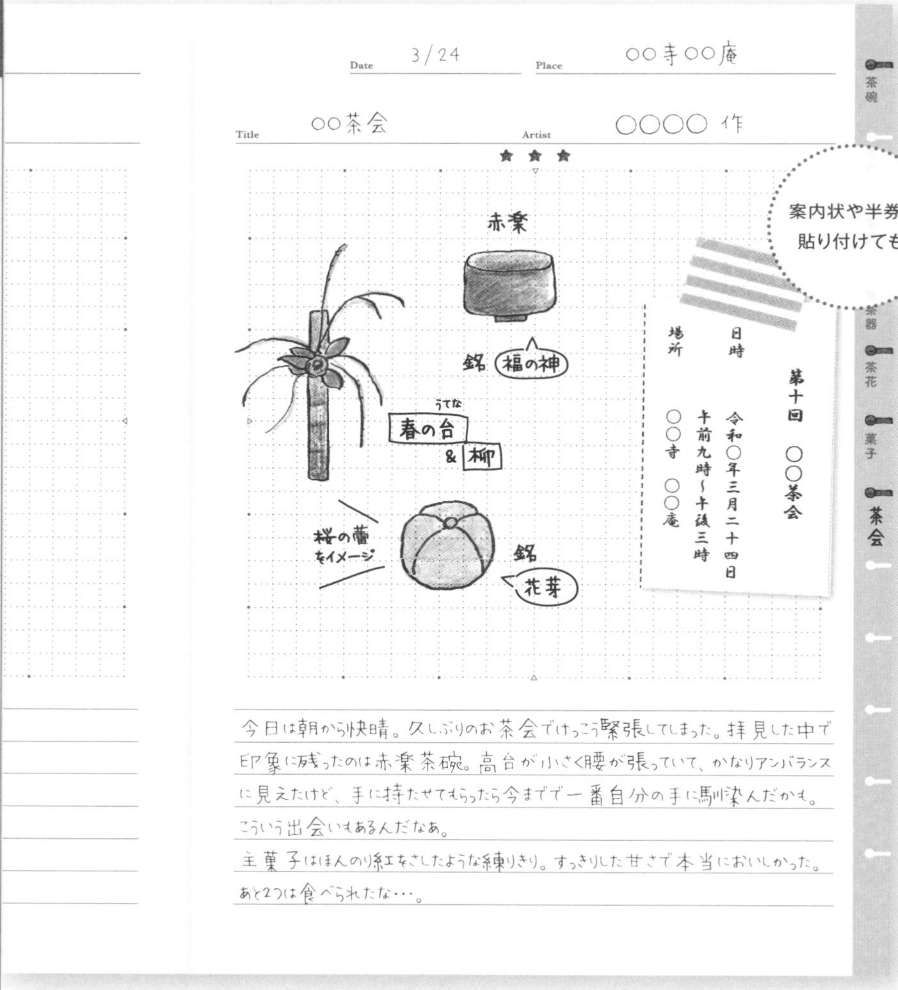

こんな使い方も！

日々のお稽古の振り返りにも!

Date 3/1　Place お稽古場

Title 引千切《ひちぎり》　Artist □□屋

★★☆

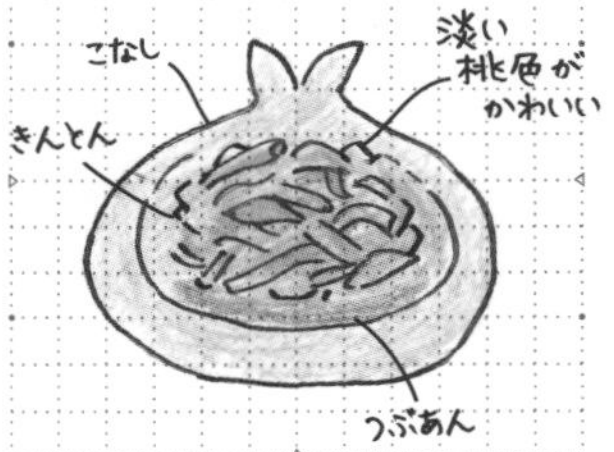

☆今日のお稽古チェック

☑ お点前にしっかり集中できたか

□ 前回できなかった柄杓の扱いはできたか → もう少し!

☆今日のお菓子　引千切

ひな祭りのお菓子。宮中の儀式に由来があり、餅を杓子形に引きちぎった姿からこの名が付いたそう。

Date 3/15　Place お稽古場

Title 禅語　Artist 出典：五家正宗賛《ごけしょうしゅうさん》

★☆☆

看脚下

かん きゃっ か

自分の足元をよく見なさい、転じて、大切な教えを求めるのに遠いところを探さないで、身近なところをしっかりと見てみよ、という意味。

マス目を掛物の本紙に見立てても!

茶碗　茶杓　茶入　薄茶器　茶花　菓子　禅語

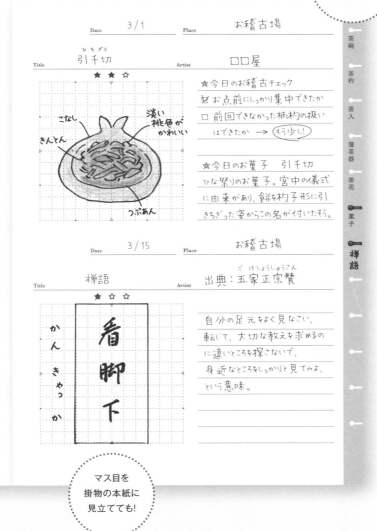

Lesson 1　茶碗の部分名称・拝見ポイント

茶碗は、亭主が手にして茶を点て、客が直接口をつけて喫する道具。茶道具中でも主客と触れ合う機会が多いうつわであり、われわれがもっとも身近に感じる茶道具です。

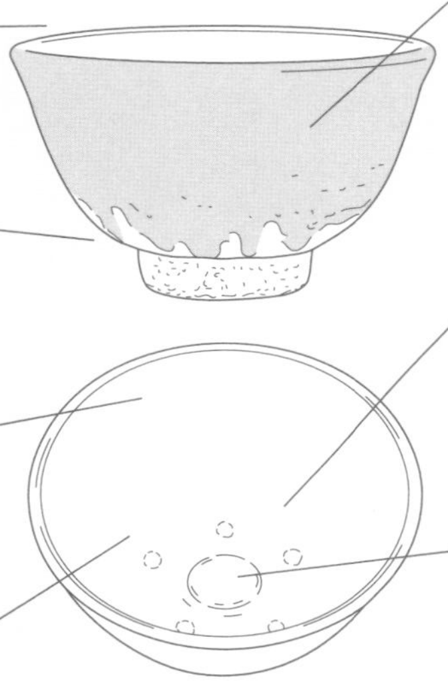

口造り《くちづく》（口縁《くちべり》・口辺《くちべり》）

茶を喫するさい実際に口をつける部分で、開口部の作行《さくゆき》を称する語。微妙な形の違いが全体の印象を左右する。

腰《こし》

胴の下部から高台脇までの部分。ここの釉景、とくに釉がたまった部分（露《つゆ》）が大きな見どころになる。

茶巾摺《ちゃきんずれ》

茶巾で清めるさいに摺れる部分のうち、茶碗内側の口造りからやや下がったところをいう。

見込《みこみ》

茶碗内側の中央部。茶溜の状態や目跡（重ね焼きするさい、茶碗どうしが溶着しないよう挟み込む土塊の跡）などが景色になる。

胴《どう》

茶碗の外周部、口造りから腰にかけての部分。この部分の意匠形状により、「筒」「平《ひら》」「ゆがみ」など茶碗の名称も決まる。篦目《へらめ》や轆轤《ろくろ》目、釉薬の景色や文様などが見どころとなる。

茶筅摺《ちゃせんずれ》

茶を点てるときに茶筅があたる部分。茶溜の周辺部、茶巾摺の下を指す。

茶溜《ちゃだまり》

見込の中心部にある小さなくぼみを指す。ここに茶が溜まることが名の由来。

茶碗の種類

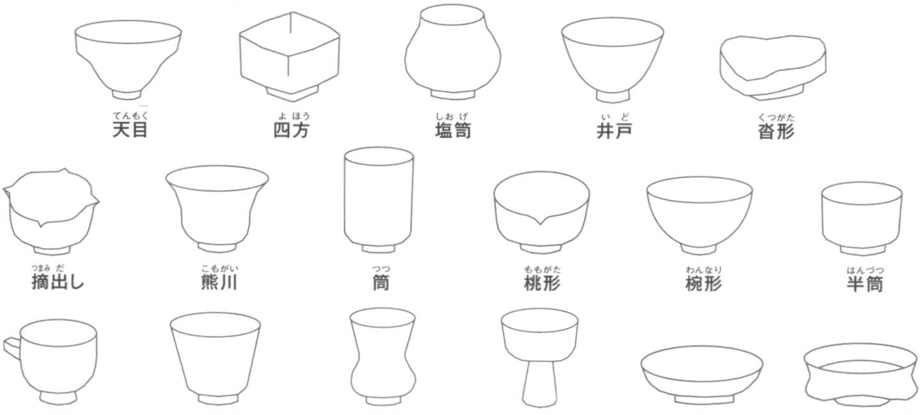

天目《てんもく》　四方《よほう》　塩笥《しおげ》　井戸《いど》　沓形《くつがた》

摘出し《つまみだ》　熊川《こもがい》　筒《つつ》　桃形《ももがた》　椀形《わんなり》　半筒《はんづつ》

片口《かたくち》　杉形《すぎなり》　胴締《どうじめ》　馬上杯《ばじょうはい》　平《ひら》　馬盥《ばだらい》

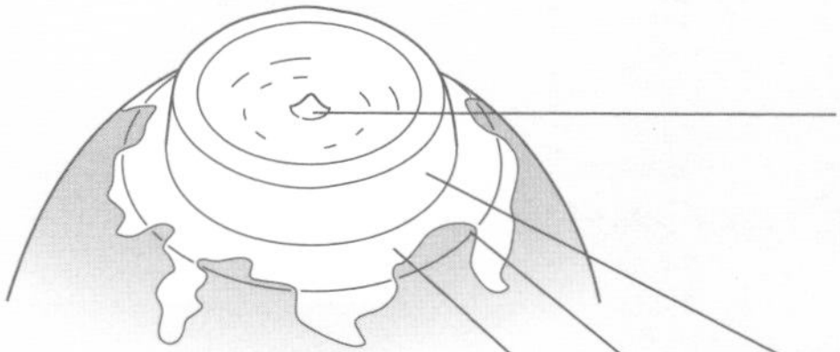

兜巾《ときん》

兜巾高台のこと。高台内側の中央部分が突起状に出っ張っている状態。山伏《やまぶし》がかぶる布製の頭巾にちなんだ名称。

高台《こうだい》

底の部分につけられた台。茶碗を支えている部分で、土味や形、大きさなど削り具合を鑑賞する。茶碗のなかでもとくに見どころとなる。

高台脇《こうだいわき》

腰の下から高台のきわまでの部分。箆削りや釉止まりが見どころ。釉薬が縮んで粒状になったようすを「カイラギ」という。

土見《つちみ》

釉薬が掛かっていない部分。土味をあじわうことができる、重要な見どころ。

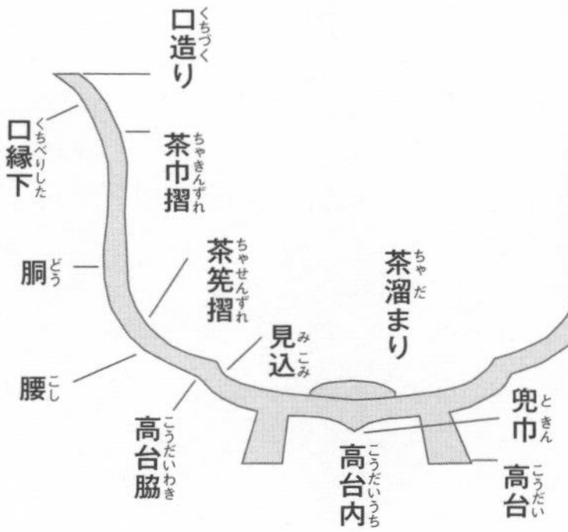

POINT

茶碗の良し悪しを見分けるには、全体の姿はもちろん、土のようす、釉薬の特徴、高台の形や削り方などがポイントになります。これらのポイントが好ましい茶碗を「良い茶碗」といって差し支えないとは思いますが、この判定基準はあくまで、各人各様の「好み」に過ぎません。

高台の種類

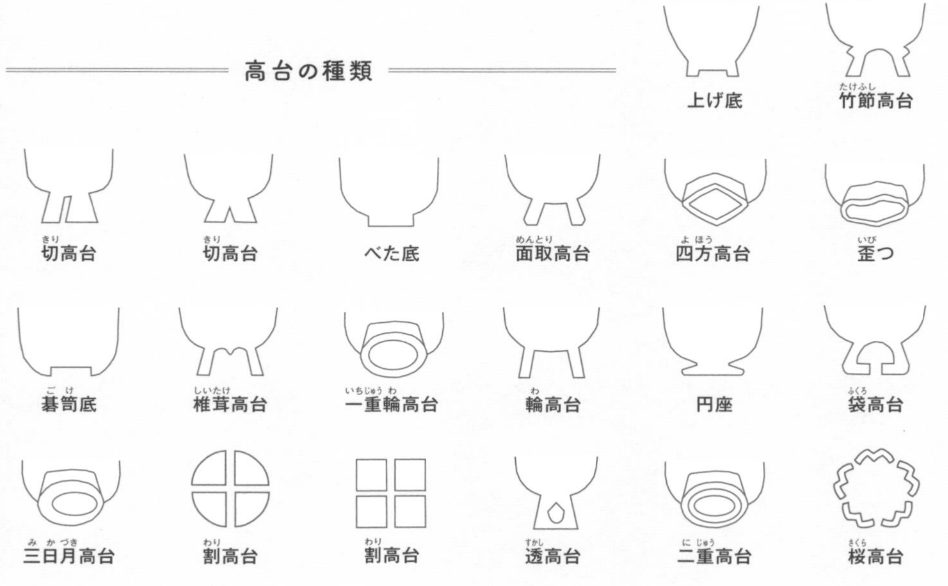

Lesson 2　茶杓の部分名称・拝見ポイント

わずか二十センチにも満たないほどの小さな茶杓には、作者の人格、気迫、時代性、茶境など多くの見どころが備わっています。その茶杓を取り合わせた亭主の気概をも見て取りましょう。

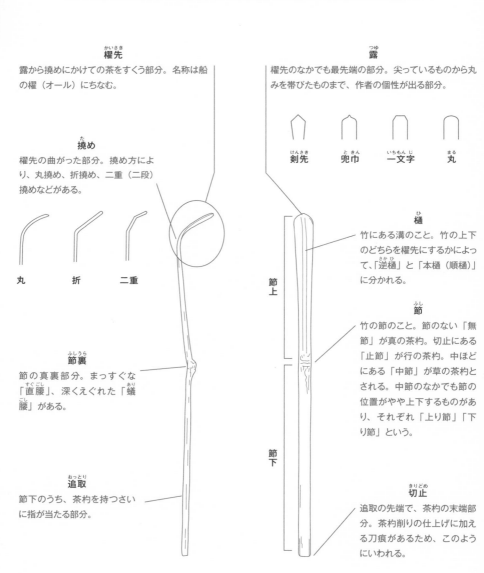

櫂先《かいさき》

露から撓めにかけての茶をすくう部分。名称は船の櫂（オール）にちなむ。

撓《た》め

櫂先の曲がった部分。撓め方により、丸撓め、折撓め、二重（二段）撓めなどがある。

節裏《ふしうら》

節の真裏部分。まっすぐな「直腰《すぐごし》」、深くえぐれた「蟻《あり》腰《ごし》」がある。

追取《おっとり》

節下のうち、茶杓を持つさいに指が当たる部分。

露《つゆ》

櫂先のなかでも最先端の部分。尖っているものから丸みを帯びたものまで、作者の個性が出る部分。

樋《ひ》

竹にある溝のこと。竹の上下のどちらを櫂先にするかによって、「逆樋《さかひ》」と「本樋（順樋）」に分かれる。

節《ふし》

竹の節のこと。節のない「無節」が真の茶杓。切止にある「止節」が行の茶杓。中ほどにある「中節」が草の茶杓とされる。中節のなかでも節の位置がやや上下するものがあり、それぞれ「上り節」「下り節」という。

切止《きりどめ》

追取の先端で、茶杓の末端部分。茶杓削りの仕上げに加える刀痕があるため、このようにいわれる。

Lesson 3　茶入の部分名称・拝見ポイント

茶入は席中、直接手に取って拝見することができる掌中の小さなやきものです。この取り合わせは亭主がもっとも心を配る部分。その真価を見逃さないよう、拝見したいものです。

甑《こしき》（のど）

口造りの立上がりの部分。この長さや太さが茶入全体のバランスをとり、見た印象を左右する。文琳《ぶんりん》や茄子《なす》などの茶入ではほとんど甑がなく、丸壺や鶴首などは甑が目立つ。

口造《くちづく》り

茶入の見どころの一つ。多くは外側へ少し反っており、これを「ひねり返し」、反ってないものを「平返し」といって、そのフォルムを楽しむ。内側（口裏）まで釉薬が掛かっていることが多い。

肩《かた》

甑の付け根から横に張り出した部分。肩衝《かたつき》茶入ではきりっとした印象を、撫肩ではやさしい印象を与える茶入の大きな見どころ。

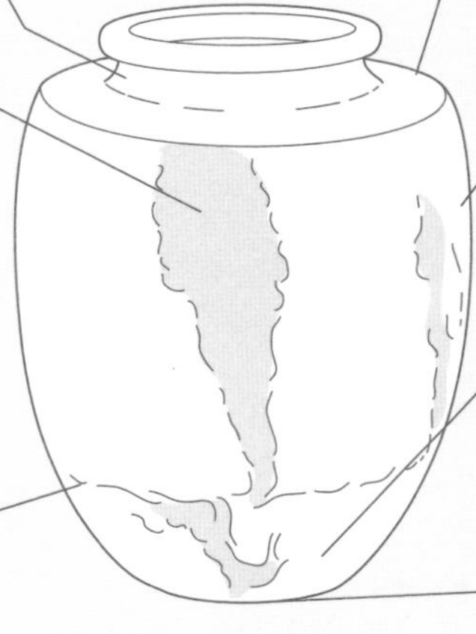

なだれ

釉薬が流れて景色になった状態をいい、なだれの先で釉が溜まっている部分を「露」という。この景色も茶入の大きな見どころで、「なだれ」がよく見えるところを正面（置形）とすることが多い。

胴《どう》

肩から裾の部分まで続く、茶入の主体をなす部分。胴のふくらみで、茶入の形が決まる。

土見《つちみ》

茶入の釉薬が掛かっていない部分。土の味わいをそのまま鑑賞できる。

釉際《くすりぎわ》

釉薬と胎土の境になっている部分。

畳付《たたみつき》

茶入の底。糸切の痕も拝見のポイントになる。

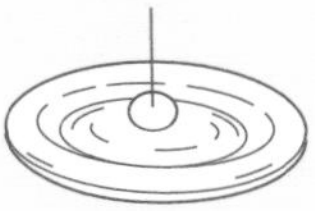

蓋《ふた》

象牙製の蓋。蓋全体の形、色や景色、つまみの形状が見どころ。瑕の部分を「す（窠）」といい、景色として好まれる。

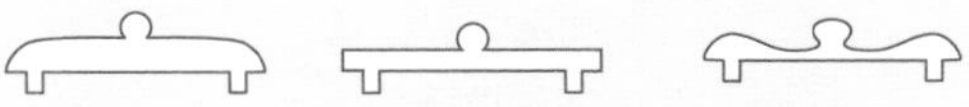

盛《もり》蓋　一文字《いちもんじ》蓋　掬《すくい》蓋

茶入の種類

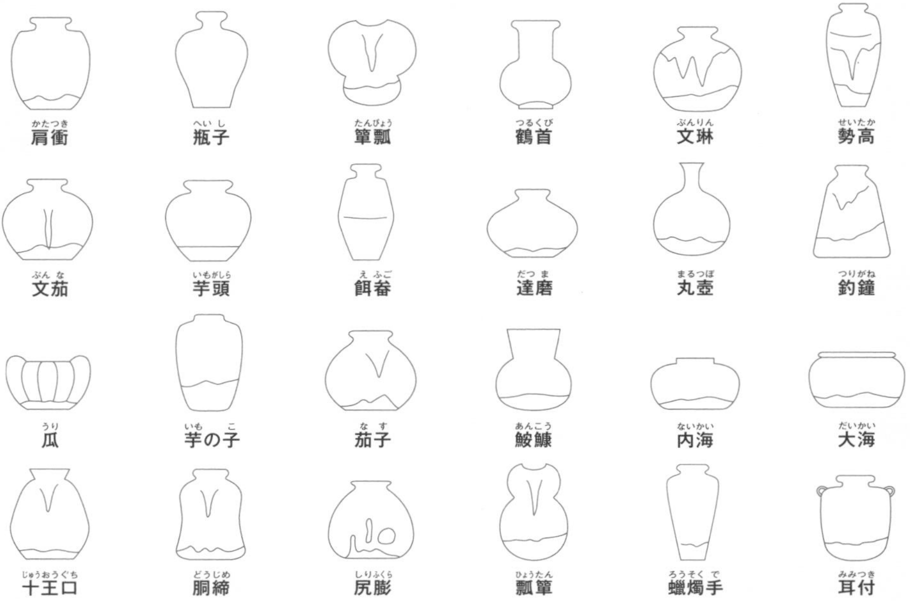

Lesson 4　仕覆の部分名称・拝見ポイント

仕覆はもともと保護を目的に貴重な茶入に着せられたものでしょうが、茶人らが思い入れのある道具にあつらえていくうち、「次第」として道具の歴史の一部になったようです。名物茶入ともなると、たくさんの仕覆がついています。

打留《うちどめ》

縒に通した緒の結び目。

縒《つがり》

緒を通すため、口の縁にかがられた細い丸紐。普通は緒と同色のものを使う。

緒《お》

口を締めるための丸打の紐。胴径の大きい茶入には長緒の仕覆を用いる。

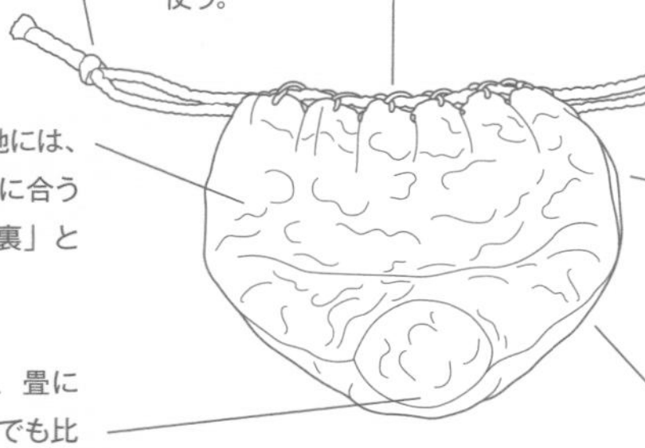

胴《どう》

仕覆の主体をなす部分。裏地には、海気《かいき》や塩瀬など、表の裂地に合うような裂が選ばれており、「裏」と呼ばれる。

まち

茶入を仕覆に入れやすくするよう、左右の布を縫い合わせず、開けたままにしている部分。

底《そこ》

胴と同じ裂を用いる。底の、畳に触れない部分は、古い仕覆でも比較的状態がよく残っている場合が多いため、裂質の見どころになる。

露《つゆ》

まちの下側の、左右の布を縫い合わせた糸部分。

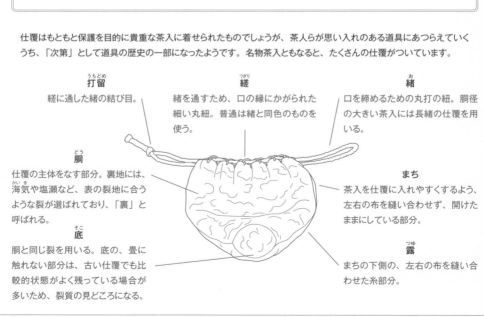

Lesson 5　薄茶器の部分名称・拝見ポイント

やきものの濃茶器（茶入）に対して、薄茶器は木工品（塗物）を多く用います。薄茶器のなかで一般的なものが、木地に塗りや蒔絵を施した棗です。

立上がり

蓋と身のかみ合わせのために、身の内側から立上がっている部分。

渡《わた》し

蓋をとった身の口の直径。

小隈《こずみ》

蓋裏の隅にあたる。丸みにも微妙な違いがある。

肩《かた》

甲の両端の出っ張った部分。

合口《あいくち》

蓋をしたときの合わせ目をいい、とくに棗の合口は見どころとして重要。

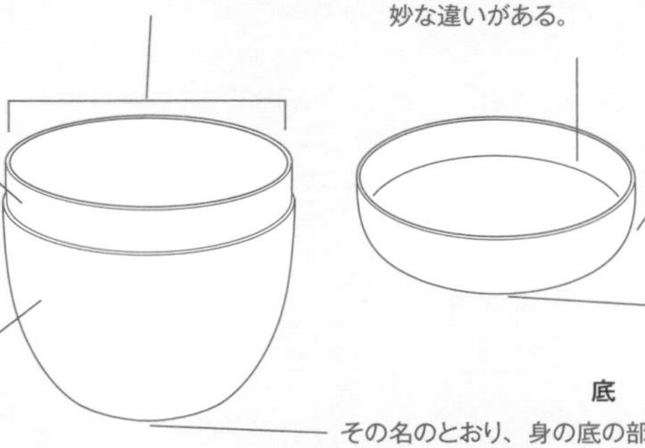

甲《こう》

蓋の上面。

胴

側面。肩と同様、長さ、太さ、張り具合に作者の感覚が表れる。

底

その名のとおり、身の底の部分。棗には底が削られているものが多く見られ、碁石《ごいし》の容器（碁笥《ごけ》）の底に似ているため碁笥底と呼ばれる。

薄茶器の種類

尻張《しりばり》棗

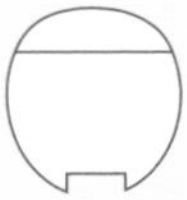

胴張《どうばり》棗

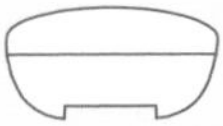

平《ひら》棗

河太郎《かわたろう》棗

白粉解《おしろいとき》

鷲《わし》棗

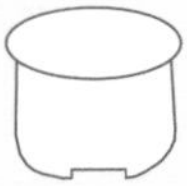

碁笥《ごけ》棗

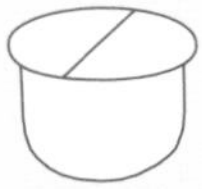

老松《おいまつ》茶器

帽子《ぼうし》棗

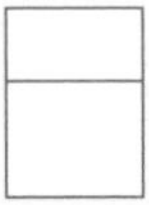

中次《なかつぎ》

面中次《めんなかつぎ》

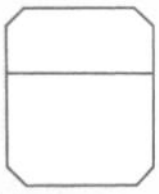

雪吹《ふぶき》

瓢中次《ひょうなかつぎ》

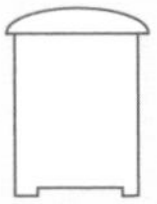

金輪寺《きんりんじ》

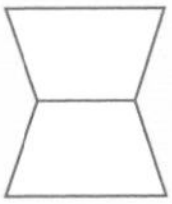

立鼓《りゅうご》

薬器《やくき》

阿古陀《あこだ》

鮟鱇《あんこう》

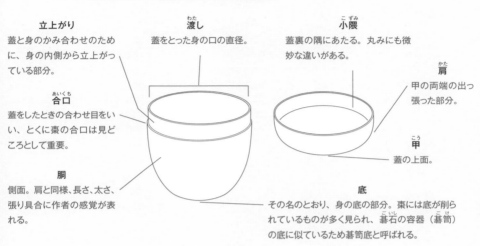

Lesson 6　釜の部分名称・拝見ポイント

席中にどっしりと据えられた釜は、小ぶりなものが多い茶道具のなかではとくに存在感があります。また茶事のなかでは、初めから終わりまで拝見の対象となる、まさに中心的存在です。

口

さまざまな種類があり、形状ごとに名称がある。代表的なものは「立口」「広口」「繰口《くりぐち》」「姥口《うばぐち》」など。

つまみ・座

蓋のつまみのモチーフは梅や菊、瓢など、これもさまざま。つまみがのる「座」とともに唐銅《からかね》もしくは南《なん》鐐《りょう》（銀）でつくられている。つまみや座はよく席中の話題にのぼる。

蓋

釜の蓋の材質は、「唐銅《からかね》蓋」もしくは釜と同じ鉄製の「共蓋」。形状は、平面のみでできている「一文字蓋」、中央が盛り上がる「盛蓋」、内部が落ち込んだ「落込蓋」などが代表的。

肩

胴の上部。肩がないもの（「丸釜」「蒲団釜」など）、肩が張っているもの（「肩衝釜」「筒釜」など）がある。

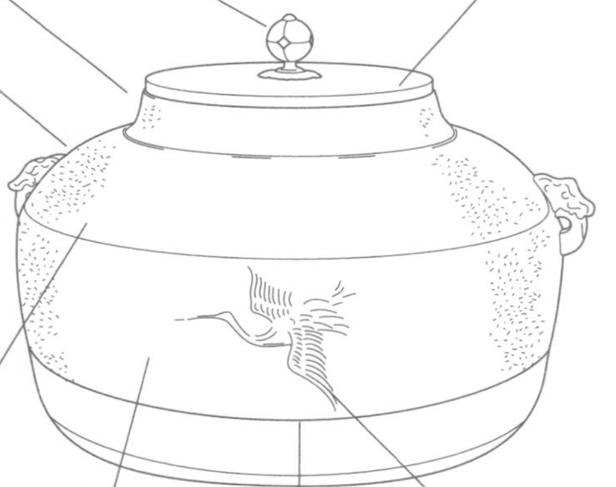

鐶付《かんつき》

その名のとおり、釜を持ち上げるための鐶を付ける突起。古来鬼《き》面《めん》、龍、獅子など、意匠を凝らした形状のものが用いられた。鐶付の位置や大きさによっても、釜全体の印象が変化する。

肌《はだ》

滑らかな光沢の「鯰《なまず》肌」（芦屋釜に多い）、柑橘類の皮のような凹凸が特徴の「柚肌」、全面に細かい突起がついた「霰《あられ》肌」などさまざまな表情を見せる。釜肌の色は、近年は漆による色づけが主流。弁柄を混ぜ赤味を強めたもの、鉄漿や硫黄を塗布したものなどもある。

胴

釜の名称は、胴の形状によるものも多い（「四方《よほう》釜」「尻張《しりはり》釜」など）。このことからも胴のフォルムは釜の印象のなかで大きな比重を占めていることがわかる。

地文《じもん》

浜松、松竹梅、山水など絵が描かれているものから、亀甲、七宝、巴などの文様、文字が記されているものまで多様。

羽《はね》・羽落《はおち》・毛切《けぎり》

胴と底の境。古様の釜は羽がついた真形《しんなり》と呼ばれるものだったが、茶室内の炉の寸法が小さくなるにしたがい、羽を落として炉に据えるようになり、現在までつづく釜の寸法や形状がおおよそ決まってきた。羽を落とした部分、または落とした痕をつけた部分を「羽落」といい、荒く落とされたものと滑らかなもので印象が異なる。胴と底の境が、糸を引いたように細い一本の線になっているものは「毛切」「毛合わせ」という。

蓋の種類

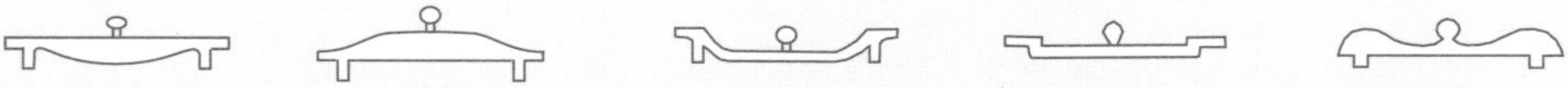

一文字蓋《いちもんじ》　盛蓋《もり》　掬蓋《すくい》　掛子蓋《かけご》　恵明蓋《えみょう》

口造りの種類

輪口《わ》　繰口《くり》　立口《たち》　甑口《こしき》

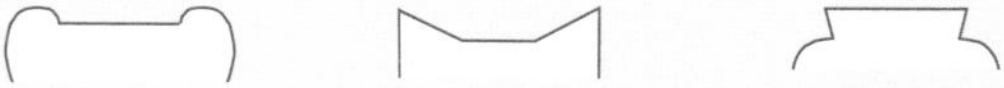

姥口《うば》　矢筈口《やはず》　鮟鱇口《あんこう》

釜の種類

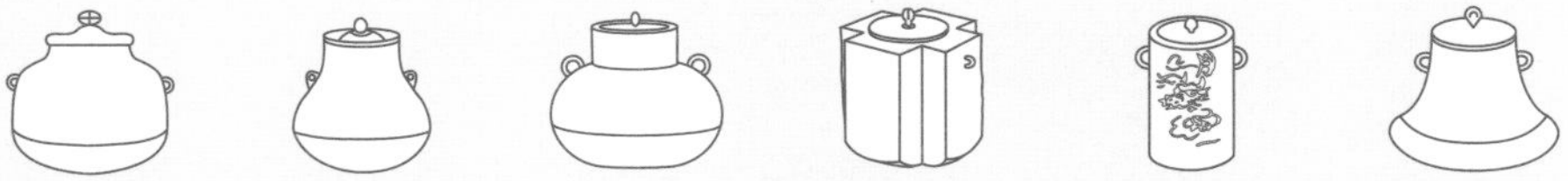

阿弥陀堂釜《あみだどう》　鶴首釜《つるくび》　甑口釜《こしきぐち》　十文字釜《じゅうもんじ》　雲龍釜《うんりゅう》　富士釜《ふじ》

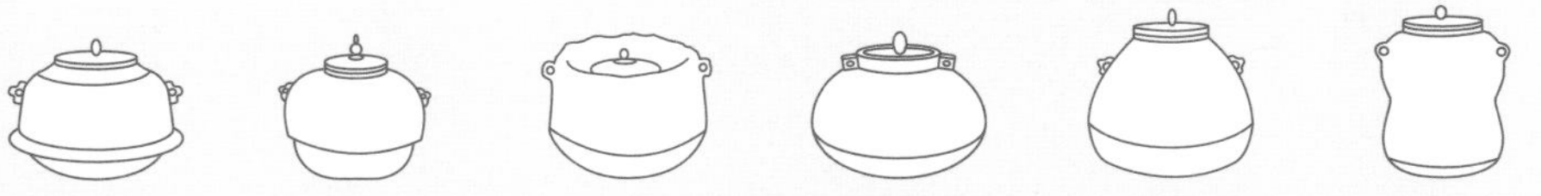

真形釜《しんなり》　切掛釜《きりかけ》　矢筈釜《やはず》　責紐釜《せめひも》　尻張釜《しりばり》　瓢釜《ひさご》

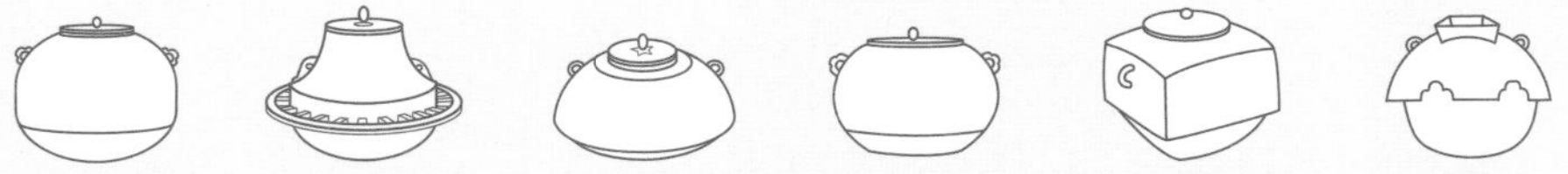

丸釜《まる》　車軸釜《しゃじく》　達磨釜《だつま》　布団釜《ふとん》　四方釜《よほう》　口四方釜《くちよほう》

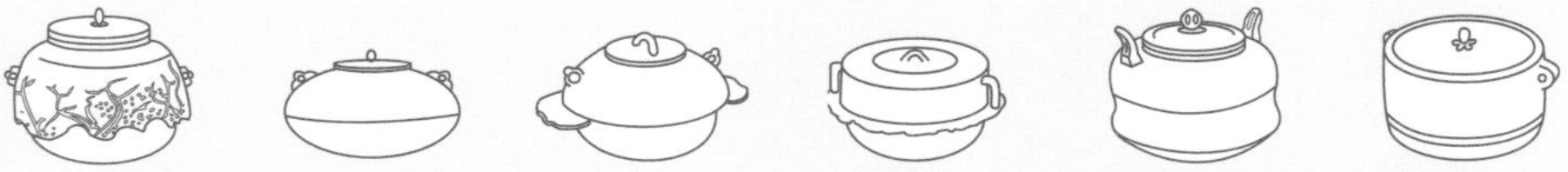

尾垂釜《おだれ》　平釜《ひら》　裏甃釜《うらごう》　茶飯釜《ちゃめし》　唐犬釜《とうけん》　広口釜《ひろくち》

Lesson 7　風炉の部分名称・拝見ポイント

風炉の釜は、釜の形によって羽や羽落を風炉の肩の線に合わせたり、高くしたり低くしたりと、風炉と釜の色や大きさのバランスを考えて据えられています。そうした亭主の感覚を読み取るのも拝見の楽しみです。

肩《かた》

口の下の部分。肩に面が取られた「面取風炉」、肩が平らで透木が置ける「透木風炉」などがある。

口

釜を懸ける部分。この図は、五徳を使わず風炉の口に釜の羽を懸けて用いる「切合《きりあわせ》（切掛《きりかけ》）風炉」なので口が小さいが、五徳を用いる風炉は口が広い。

甑《こしき》

口の高くなっている部分。切合風炉や琉球風炉に見られ、透かし文様がある。

眉《まゆ》

胴《どう》

火《ひ》窓《まど》

内部に風を通すために胴をくり抜いた部分。火窓の上の部分を「眉」といい、眉がある土風炉を真《しん》とする。眉がない（火窓の上縁が口とつながっている）ものに面取風炉や道安風炉がある。胴と火窓の形状によって名称がつけられている。

足

この図のように胴から流線状に形づくられている「乳《ち》足《あし》」、土風炉のように底に取りつけられた「軸足」がある。

鐶《かん》・鐶付《かんつき》

切合風炉や色紙風炉、欠《かき》風炉などについている。風炉の鐶は外すことができない。

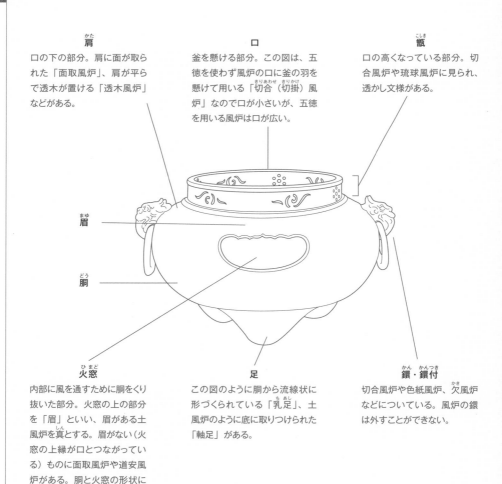

Lesson 8　水指の部分名称・拝見ポイント

水指のどっしりと据えられた姿は点前座に安定感をもたらします。種類も、塗物、金属、木地、ガラスなど多彩で、さまざまな形状、素材でも客を迎えてくれます。

口造《くちづく》り

水指は口径が大きいので、全体の印象に与える影響は大きい。形状によりさまざまな名称がある。

肩

口から張り出した部分。張り具合によって全体の印象に緊張感や穏やかさを与える。

蓋

身と同じ素材でつくられた共蓋や塗蓋、見立てなどであわされた替蓋などがある。蓋全体の大きさ、形状とともに、つまみの形状、大きさや、身とのバランスも大きな見どころ。とくに共蓋は蓋裏や合わせの部分に釉薬が掛かっておらず、土そのものの味わいを鑑賞できることもある。

胴

この部分の形状や景色で、「芋頭《いもがしら》」や「縄簾《なわすだれ》」など水指の形状が決まる。篦《へら》目《め》、轆轤《ろくろ》目、くぼみ、釉薬の流れなど、水指の見どころの中心となる。

耳《みみ》

耳のついていないものも多くあるが、耳のあるものはとくに「耳付」といい、水指の大きな特徴と見どころになる。

Lesson 9　香合の部分名称・拝見ポイント

香には席中を清める意味があり、掃除が行き届いた室内に香をたくことで、より清浄な空間とします。その香の容器が香合で、茶席で必ず拝見に出される、炭道具を代表する道具です。香合は形も素材も多種多様です。基本的に炉の時期には練香を用いるためやきものを、風炉の時期には香木を用いるため塗物、木地などを使います。蛤香合のように貝でできたものはどちらにも使います。イラストはやきものの例です。

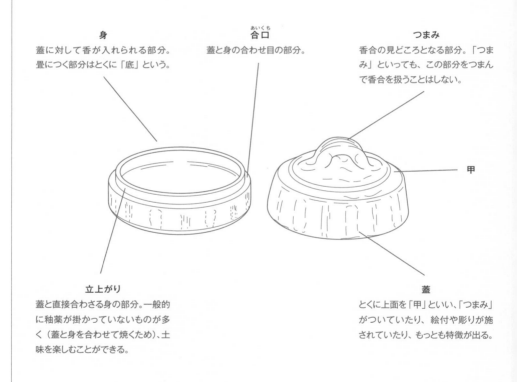

身
蓋に対して香が入れられる部分。畳につく部分はとくに「底」という。

合口《あいくち》
蓋と身の合わせ目の部分。

つまみ
香合の見どころとなる部分。「つまみ」といっても、この部分をつまんで香合を扱うことはしない。

甲

立上がり
蓋と直接合わさる身の部分。一般的に釉薬が掛かっていないものが多く（蓋と身を合わせて焼くため）、土味を楽しむことができる。

蓋
とくに上面を「甲」といい、「つまみ」がついていたり、絵付や彫りが施されていたり、もっとも特徴が出る。

Lesson 10 掛物の部分名称・拝見ポイント

『南方録』に「掛物ほど第一の道具はなし」とあるように、常に尊重されてきた掛物。床の間という神聖な空間に掛けられ、席入りして真っ先に拝見されることが、そのことを如実に示しているといえます。

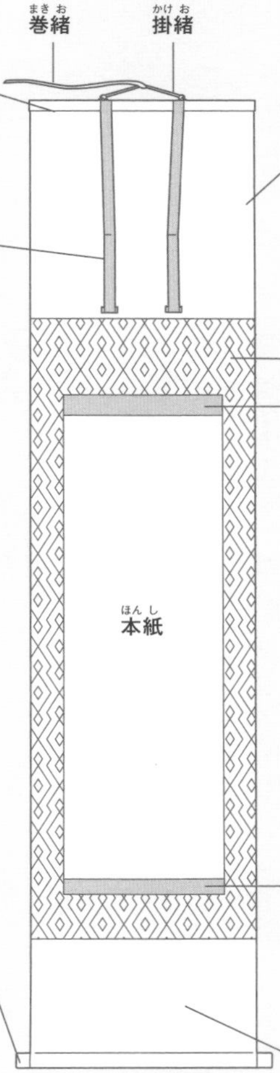

八双《はっそう》（表木《ひょうぼく》）

掛物の最上部にある半円状の木。掛物を巻くための緒や風帯などがついている。

風帯《ふうたい》

掛物上部、八双から下げられている細長い二本の裂。一文字と同じ裂を用いた「一文字風帯（一風）」、中廻しと同じ裂を用いた「中風帯」、白い紙や唐紙を貼り付ける簡素な「押風帯」がある。
下端の白い房は「露《つゆ》」といい、これに色が着いているものを「花」という。

軸先《じくさき》（軸《じく》）

掛物の下にある軸木の両端につく部分。漆塗のものが一般的だが、象牙製ややきものなど素材はさまざまあり、形状も多様。

上下《じょうげ》（天地）の上（天）

中廻しの上下にある部分。一般的に「一文字」「中廻し」「上下」は異なる裂で、一文字から順に格式の高い裂を用いるが、本紙との相性などを考え、あえて省略することもある。

中廻し《ちゅうまわし》（中縁《ちゅうべり》・中《ちゅう》）

本紙と一文字を囲む裂。なかでも、本紙の左右（縦になっている部分）は「柱」といい、この柱の広いものを「幢《どう》褙《ほえ》（幢《どう》補《ほ》）」、狭いものを「輪《りん》褙《ほえ》（輪《りん》補《ぼ》）」という。

一文字《いちもんじ》

本紙の上下に配する裂。金襴や竹屋町裂、印金など、格の高いものが用いられることが多い。また侘びの風情を醸すため一文字を省略する場合もある。

上下《じょうげ》（天地）の下（地）

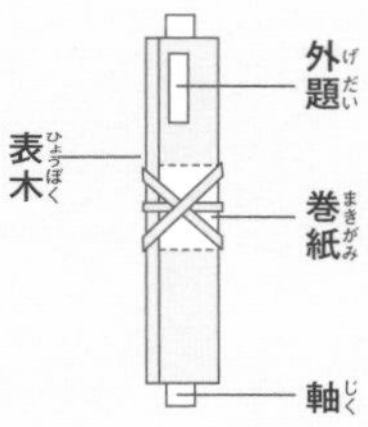

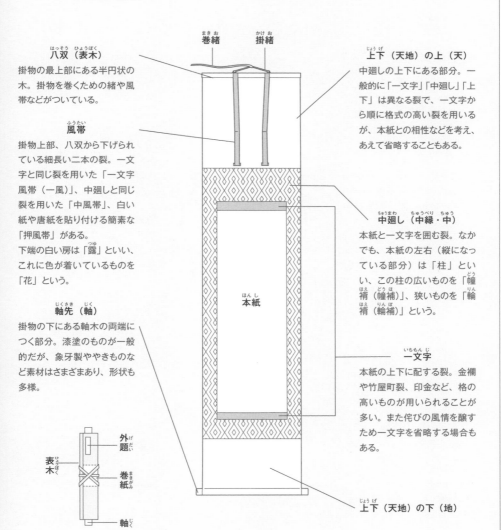

Lesson 11　花入の部分名称・拝見ポイント

茶事においては、亭主自らが入れて後座の床に荘《かざ》られ、茶会の諸荘りなどでは、掛物とともに茶席の床を彩る花。その花の魅力を引き立たせるのが花入です。

耳《みみ》

側面についた突起。花入の耳は種類が多く、「魚耳」「管耳」「象耳」などがある。耳に環《かん》（輪）がついているものもあり、環が固定されていないものを「遊環《ゆうかん》」、固定されているものを「不遊環」という。

のど（首）

口と胴の間の細い部分。太さ長さにより花入全体の印象が左右される。長いものは「鶴首」と称される。

底

やきものの花入では土見《つちみ》や目跡の変化、金ものでは景色が楽しめる。

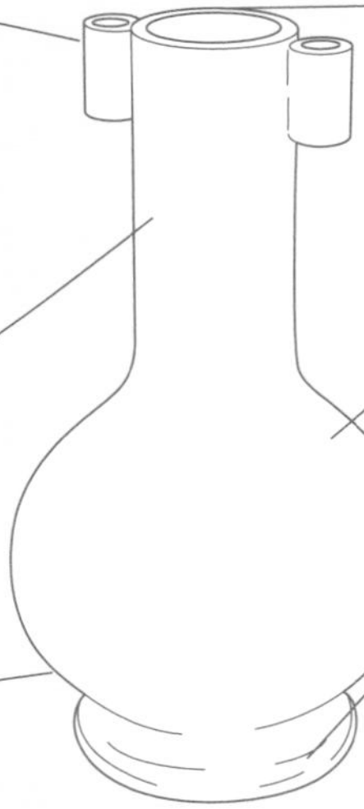

口

その名のとおり、花を入れる口。この大きさにより、入れる花の印象は大きく変わる。

胴

花入の主体をなす部分。胴の形状により、「砧《きぬた》」「中蕪《なかかぶら》」「下蕪《しもかぶら》」「立鼓《りゅうご》」などの名称がつけられる。

台座

有無や大きさにより、受ける印象に品格や、重みの違いを感じる。

鶴首《つるくび》

曽呂利《ぞろり》

砧《きぬた》

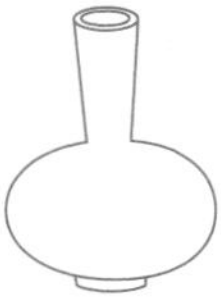

下蕪《しもかぶら》

舟《ふね》

薄端《うすばた》

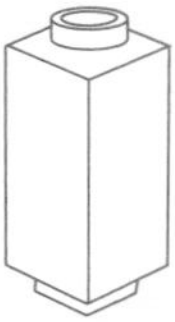

四方《よほう》

旅枕《たびまくら》

粽《ちまき》

蹲《うずくまる》

Lesson 12　竹花入の部分名称・拝見ポイント

竹花入には茶杓のように作者の人となりがあらわれやすいようです。そのあたりにも想像をめぐらせてみましょう。

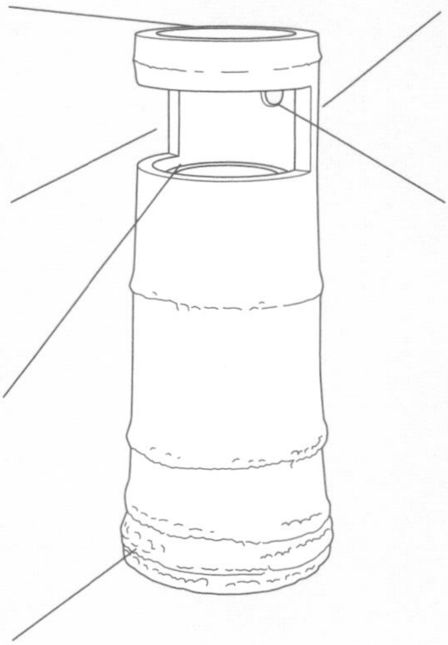

輪《わ》

花を入れる「窓」の上の部分。節を使っているものと節のないものがある。

窓《まど》（花窓《はなまど》）

花を入れる部分。一重切《いちじゅうぎり》は窓が一つ、二重切は窓が二つ開いている。このイラストは一重切の花入。

受筒《うけづつ》（落とし）

竹花入や籠花入に直接水を入れずにすむように、水を入れる筒を別につくって中に仕込んでおく。竹の皮を削いでつくられているものもある。

節《ふし》

節の間隔、ひげ根を切った表情も大きな見どころ。

柱《はしら》（背《せ》）

窓の後側。竹の太さと柱の幅、高さなどのつり合いを見る部分。

釘穴《くぎあな》（掛穴《かけあな》）

床の中釘や花釘に掛けるために、柱に開けられた穴。

在判《ざいはん》

竹の花入には、銘や花押《かおう》などが朱漆で直書《じきがき》されていることが多い。ただし、裏側に記されている場合は、席中ではなかなか見られない。

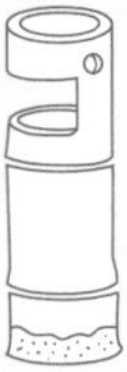

一重切《いちじゅうぎり》

二重切《にじゅうぎり》

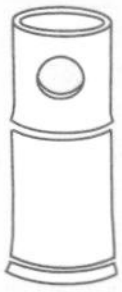

円窓切《えんそうぎり》

鷽切《うそぎり》

鮟鱇切《あんこうぎり》

太鼓舟《たいこぶね》

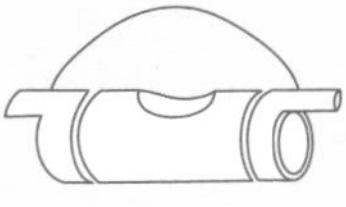

丸太舟《まるたぶね》

窓二重《まどにじゅう》

置筒《おきづつ》

通《かよ》い筒《づつ》

茶碗

茶杓

茶入

薄茶器

茶花

菓子

Date

Place

Title

Artist

☆ ☆ ☆

Date

Place

Title

Artist

☆ ☆ ☆

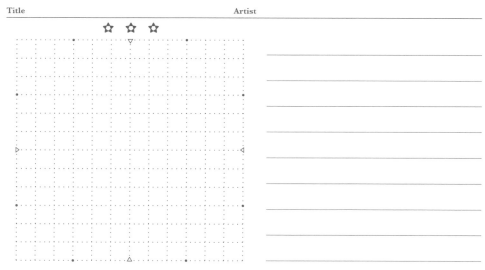

Date Place

Title Artist

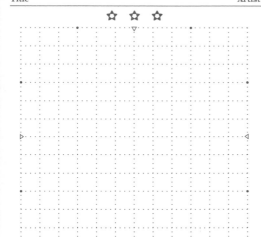

☆ ☆ ☆

Date Place

Title Artist

☆ ☆ ☆

茶碗
茶杓
茶入
薄茶器
茶花
菓子

Date　　　　Place

Title　　　　Artist

☆ ☆ ☆

Date　　　　Place

Title　　　　Artist

☆ ☆ ☆

Date

Place

Title

Artist

☆ ☆ ☆

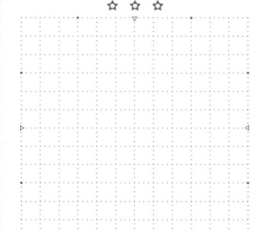

Date

Place

Title

Artist

☆ ☆ ☆

茶碗

茶杓

茶入

薄茶器

茶花

菓子

Date

Place

Title

Artist

Date

Place

Title

Artist

Date

Place

Title

Artist

☆ ☆ ☆

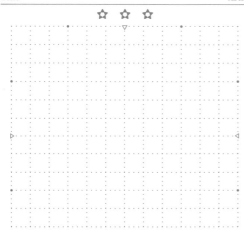

Date

Place

Title

Artist

☆ ☆ ☆

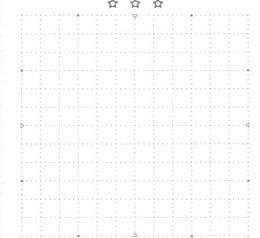

茶碗
茶杓
茶入
薄茶器
茶花
菓子

Date

Place

Title

Artist

Date

Place

Title

Artist

Date Place

Title Artist

☆ ☆ ☆

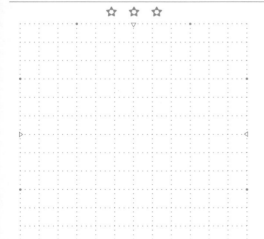

Date Place

Title Artist

☆ ☆ ☆

Date

Place

Title

Artist

Date

Place

Title

Artist

Date　　　　Place

Title　　　　Artist

☆ ☆ ☆

Date　　　　Place

Title　　　　Artist

☆ ☆ ☆

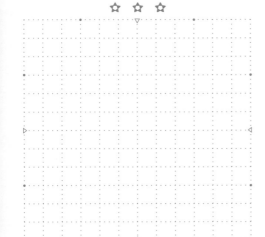

茶碗

茶杓

茶入

薄茶器

茶花

菓子

Date

Place

Title

Artist

☆ ☆ ☆

Date

Place

Title

Artist

☆ ☆ ☆

Date Place

Title Artist

☆ ☆ ☆

Date Place

Title Artist

☆ ☆ ☆

Date Place

Title Artist

☆ ☆ ☆

Date Place

Title Artist

☆ ☆ ☆

Date Place

Title Artist

☆☆☆

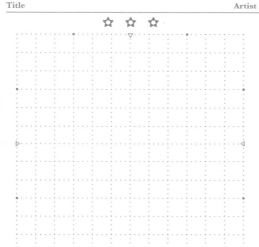

Date Place

Title Artist

☆☆☆

茶碗
茶杓
茶入
薄茶器
茶花
菓子

茶碗
茶杓
茶入
薄茶器
茶花
菓子

Date

Place

Title

Artist

Date

Place

Title

Artist

Date Place

Title Artist

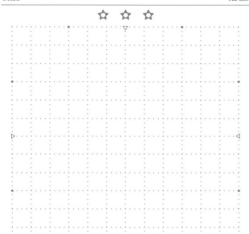

Date Place

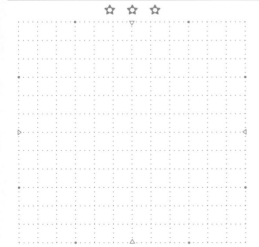

Title Artist

茶碗
茶杓
茶入
薄茶器
茶花
菓子

Date

Place

Title

Artist

Date

Place

Title

Artist

Date Place

Title Artist

☆ ☆ ☆

Date Place

Title Artist

☆ ☆ ☆

茶碗
茶杓
茶入
薄茶器
茶花
菓子

茶碗
茶杓
茶入
薄茶器
茶花
菓子

Date Place

Title Artist

Date Place

Title Artist

Date　　　Place

Title　　　Artist

☆ ☆ ☆

Date　　　Place

Title　　　Artist

☆ ☆ ☆

茶碗
茶杓
茶入
薄茶器
茶花
菓子

Date　Place

Title　Artist

Date　Place

Title　Artist

Date Place

Title Artist

☆ ☆ ☆

Date Place

Title Artist

☆ ☆ ☆

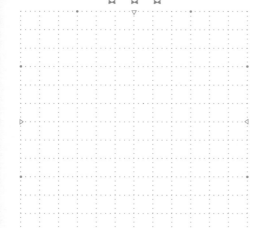

茶碗
茶杓
茶入
薄茶器
茶花
菓子

Date
Place

Title
Artist

Date
Place

Title
Artist

Date　Place

Title　Artist

☆ ☆ ☆

Date　Place

Title　Artist

☆ ☆ ☆

Date　　Place

Title　　Artist

☆ ☆ ☆

Date　　Place

Title　　Artist

☆ ☆ ☆

Date Place

Title Artist

☆ ☆ ☆

Date Place

Title Artist

☆ ☆ ☆

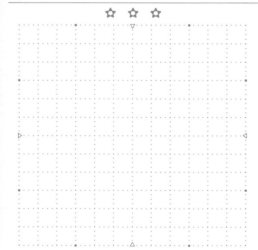

茶碗

茶杓

茶入

薄茶器

茶花

菓子

Date Place

Title Artist

Date Place

Title Artist

Date Place

Title Artist

☆ ☆ ☆

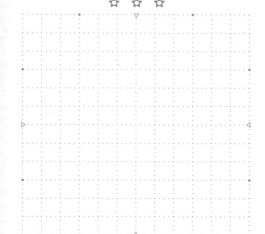

Date Place

Title Artist

☆ ☆ ☆

茶碗
茶杓
茶入
薄茶器
茶花
菓子

Date
Place

Title
Artist

☆ ☆ ☆

Date
Place

Title
Artist

☆ ☆ ☆

Date　　　　Place

Title　　　　Artist

☆ ☆ ☆

Date　　　　Place

Title　　　　Artist

☆ ☆ ☆

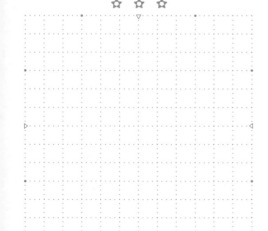

茶碗 茶杓 茶入 薄茶器 茶花 菓子

Date Place

Title Artist

Date Place

Title Artist

Date Place

Title Artist

☆ ☆ ☆

Date Place

Title Artist

☆ ☆ ☆

茶碗
茶杓
茶入
薄茶器
茶花
菓子

茶碗
茶杓
茶入
薄茶器
茶花
菓子

Date　Place

Title　Artist

Date　Place

Title　Artist

Date　Place

Title　Artist

Date　Place

Title　Artist

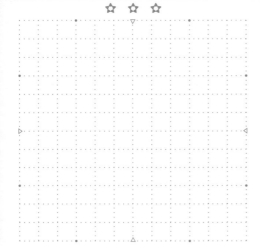

Date

Place

Title

Artist

Date

Place

Title

Artist

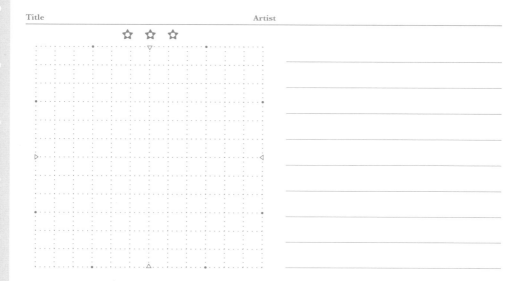

Date

Place

Title

Artist

茶碗
茶杓
茶入
薄茶器
茶花
菓子

Date

Place

Title

Artist

☆ ☆ ☆

Date

Place

Title

Artist

☆ ☆ ☆

Date

Place

Title

Artist

Date

Place

Title

Artist

☆ ☆ ☆

Date

Place

Title

Artist

☆ ☆ ☆

Date Place

Title Artist

☆ ☆ ☆

茶碗
茶杓
茶入
薄茶器
茶花
菓子

茶碗
茶杓
茶入
薄茶器
茶花
菓子

Date

Place

Title

Artist

☆ ☆ ☆

Date

Place

Title

Artist

☆ ☆ ☆

Date　　　　　　　　Place

Title　　　　　　　　Artist

☆ ☆ ☆

茶道六家元系譜

表千家　不審菴

初代　抛筌斎《ほうせんさい》　利休宗易《りきゅうそうえき》　天正19没(享年70)

二代　少庵宗淳《しょうあんそうじゅん》　慶長19(69)

三代　咄々斎《とつとつさい》　元伯宗旦《げんぱくそうたん》　万治元(81)

四代　逢源斎《ほうげんさい》　江岑宗左《こうしんそうさ》　寛文12(60)

五代　随流斎《ずいりゅうさい》　良休宗佐《りょうきゅうそうさ》　元禄4(42)

六代　覚々斎《かくかくさい》　原叟《げんそう》宗左　享保15(53)

七代　如心斎《じょしんさい》　天然《てんねん》宗左　寛延4(47)

八代　啐啄斎《そったくさい》　件翁《けんおう》宗左　文化5(65)

九代　了々斎《りょうりょうさい》　曠叔《こうしゅく》宗左　文政8(51)

十代　吸江斎《きゅうこうさい》　祥翁《しょうおう》宗左　万延元(43)

十一代　碌々斎《ろくろくさい》　瑞翁《ずいおう》宗左　明治43(74)

十二代　惺《せい》　斎《さい》　敬翁《けいおう》宗左　昭和12(75)

十三代　即中斎《そくちゅうさい》　無盡《むじん》宗佐　昭和54(79)

十四代　而妙斎《じみょうさい》　宗旦

十五代　猶有斎《ゆうゆうさい》　宗左

裏千家　今日庵

初代　抛筌斎《ほうせんさい》　利休宗易《りきゅうそうえき》　天正19没(享年70)

二代　少庵宗淳《しょうあんそうじゅん》　慶長19(69)

三代　咄々斎《とつとつさい》　元伯宗旦《げんぱくそうたん》　万治元(81)

四代　臘月庵《ろうげつあん》　仙叟宗室《せんそうそうしつ》　元禄10(76)

五代　不休斎《ふきゅうさい》　常叟《じょうそう》宗室　宝永元(32)

六代　六閑斎《りっかんさい》　泰叟《たいそう》宗室　享保11(33)

七代　最々斎《さいさいさい》　竺叟《ちくそう》宗室　享保18(25)

八代　又玄斎《ゆうげんさい》　一燈《いっとう》宗室　明和8(53)

九代　不見斎《ふけんさい》　石翁《せきおう》宗室　享和元(56)

十代　認得斎《にんとくさい》　柏叟《はくそう》宗室　文政9(57)

十一代　玄々斎《げんげんさい》　精中《せいちゅう》宗室　明治10(68)

十二代　又妙斎《ゆうみょうさい》　直叟《じきそう》宗室　大正6(66)

十三代　圓能斎《えんのうさい》　鉄中《てっちゅう》宗室　大正13(53)

十四代　無限斎《むげんさい》　碩叟《せきそう》宗室　昭和39(72)

十五代　鵬雲斎《ほううんさい》　汎叟《はんそう》宗室

十六代　坐忘斎《ざぼうさい》　玄黙《げんもく》宗室

武者小路千家　官休庵

初代	抛筌斎《ほうせんさい》	利休宗易《りきゅうそうえき》	天正19没(享年70)
二代		少庵宗淳《しょうあんそうじゅん》	慶長19(69)
三代	咄々斎《とつとつさい》	元伯宗旦《げんぱくそうたん》	万治元(81)
四代	似休斎《じきゅうさい》	一翁宗守《いちおうそうしゅ》	延宝4(72)
五代	許由斎《きょゆうさい》	文叔《ぶんしゅく》宗守	宝永5 (51)
六代	静々斎《せいせいさい》	真伯《しんぱく》宗守	延享2 (53)
七代	直《じき》　斎《さい》	堅叟《けんそう》宗守	天明2(58)
八代	一啜斎《いっとつさい》	休翁《きゅうおう》宗守	天保9(76)
九代	好々斎《こうこうさい》	仁翁《じんおう》宗守	天保6(41)
十代	以心斎《いしんさい》	全道《ぜんどう》宗守	明治24(62)
十一代	一指斎《いっしさい》	一叟《いっそう》宗守	明治31(51)
十二代	愈好斎《ゆこうさい》	聴松《ちょうしょう》宗守	昭和28(65)
十三代	有隣斎《うりんさい》	徳翁《とくおう》宗守	平成11(86)
十四代	不徹斎《ふてつさい》	宗守	

藪内家　燕庵

初代	藪中斎《そうちゅうさい》	剣仲紹智《けんちゅうじょうち》	寛永4没(享年92)
二代	月心軒《げっしんけん》	真翁《しんおう》紹智	承応4(79)
三代	雲脚亭《うんきゃくてい》	剣翁《けんおう》紹智	延宝2(72)
四代	蕉雪斎《しょうせつさい》	剣溪《けんけい》紹智	正徳2(59)
五代	不住斎《ふじゅうさい》	竹心《ちくしん》紹智	延享2(68)
六代	比老斎《ひろうさい》	竹陰《ちくいん》紹智	寛政12(74)
七代	桂隠斎《けいいんさい》	竹翁《ちくおう》紹智	弘化3(73)
八代	真々斎《しんしんさい》	竹猗《ちくい》紹智	明治2(78)
九代	宝林斎《ほうりんさい》	竹露《ちくろ》紹智	明治7(64)
十代	休々斎《きゅうきゅうさい》	竹翠《ちくすい》紹智	大正6(78)
十一代	透月斎《とうげつさい》	竹窓《ちくそう》紹智	昭和17(79)
十二代	猗々斎《いいさい》	竹風《ちくふう》紹智	昭和54(76)
十三代	青々斎《せいせいさい》	竹仲《ちくちゅう》紹智	
十四代	允猶斎《いんゆうさい》	竹卿《ちくけい》紹智	

〔 小堀家　遠州流 〕

一世　小堀遠州《こぼりえんしゅう》　正保4没(享年69)

二世　大膳宗慶《たいぜんそうけい》　正之《まさゆき》　延宝2(55)

三世　宗実《そうじつ》　正恒《まさつね》　元禄7(46)

四世　宗瑞《そうずい》　正房《まさふさ》　正徳3(29)

五世　宗香《そうこう》　正峯《まさみね》　宝暦10(71)

六世　宗延《そうえん》　政寿《まさひさ》　文化元(71)

七世　宗友《そうゆう》　政方《まさみち》　享和3(62)

八世　宗中《そうちゅう》　正優《まさやす》　慶応3(82)

九世　宗本《そうほん》　正和《まさかず》　元治元(52)

十世　宗有《そうゆう》　正快《まさよし》　明治42(52)

十一世　宗明《そうめい》　正徳《まさのり》　昭和37(75)

十二世　紅心宗慶《こうしんそうけい》　正明《まさあき》　平成23(88)

十三世　不傳庵宗実《ふでんあんそうじつ》　正晴《まさはる》

〔 山田家　宗徧流 〕

一世　山田宗徧《やまだそうへん》　宝永5没(享年82)

二世　髑髏斎《かんしゅうさい》　宗引《そういん》　享保9(57)

三世　力囗斎《りきいさい》　宗円《そうえん》　宝暦7(48)

四世　陸安斎《りくあんさい》　宗也《そうや》　文化元(62)

五世　力囗斎《りきいさい》　宗俊《そうしゅん》　天保6(46)

六世　力囗斎《りきいさい》　宗学《そうがく》　文久3(54)

七世　清香《せいこう》　宗寿《そうじゅ》　明治16(63)

八世　希斎《きさい》　宗有《そうゆう》　昭和32(92)

九世　幽香《ゆうこう》　宗白《そうはく》　昭和46(71)

十世　四方斎《しほうさい》　宗徧《そうへん》　昭和62(79)

十一世　幽々斎《ゆうゆうさい》　宗徧《そうへん》

樂家歴代の窯印

二代　常慶

三代　道入

四代　一入

五代　宗入

六代　左入

七代　長入

八代　得入

中印

火前印

草印（隠居判）

九代　了入

隷書印

吸江印

行書印（隠居判）

木樂印

十代　旦入

白楽印（隠居判）

蜘蛛巣印

中印

十一代　慶入

十二代　弘入

十三代　惺入

十四代　覚入

大印

小印

十五代　直入

三千家・十職年代対照表

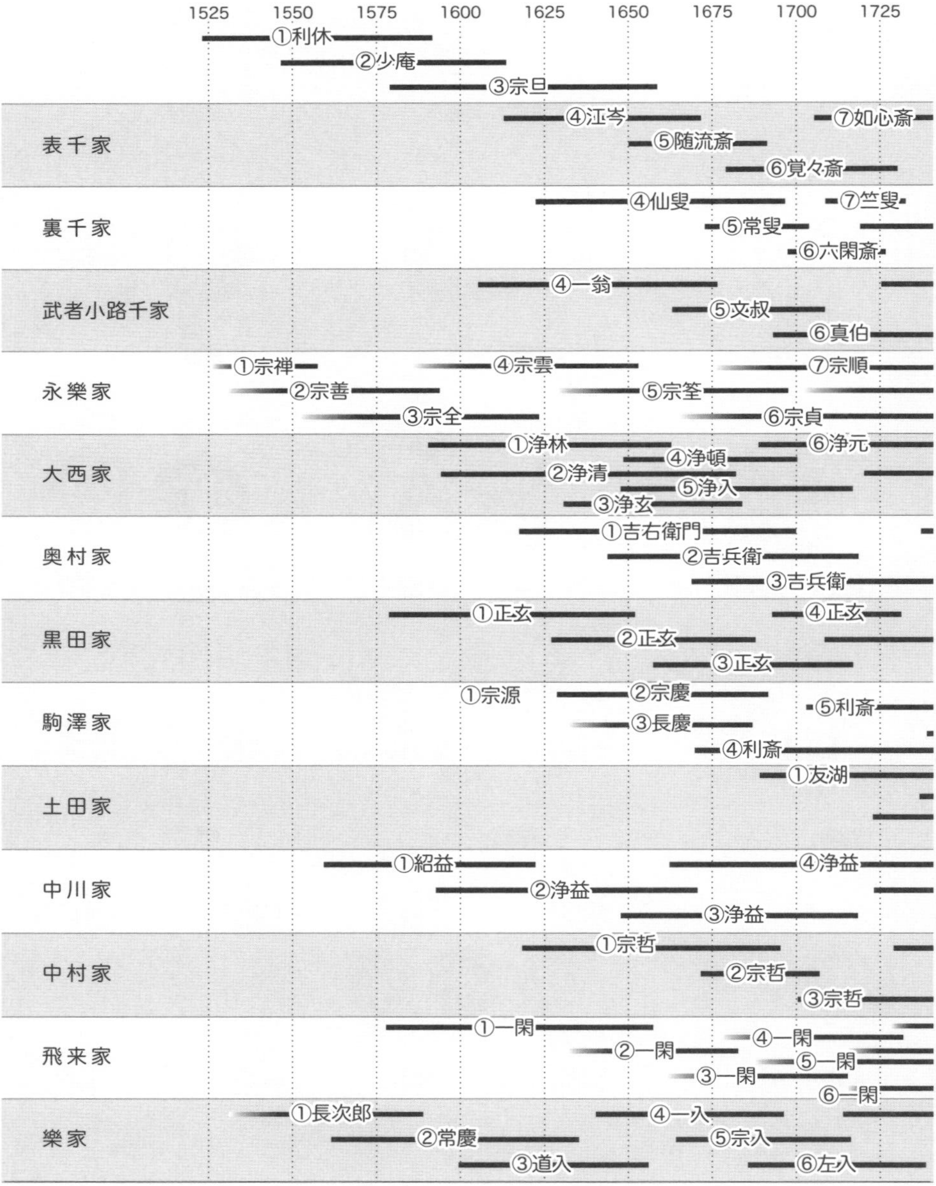
1525
1550
1575
1600
1625
1650
1675
1700
1725
①利休
②少庵
③宗旦
表千家
④江岑
⑦如心斎
⑤随流斎
⑥覚々斎
裏千家
④仙叟
⑦竺叟
⑤常叟
⑥六閑斎
武者小路千家
④一翁
⑤文叔
⑥真伯
永樂家
①宗禅
④宗雲
⑦宗順
②宗善
⑤宗筌
③宗全
⑥宗貞
大西家
①浄林
⑥浄元
④浄頓
②浄清
⑤浄入
③浄玄
奥村家
①吉右衛門
②吉兵衛
③吉兵衛
黒田家
①正玄
④正玄
②正玄
③正玄
駒澤家
①宗源
②宗慶
⑤利斎
③長慶
④利斎
土田家
①友湖
中川家
①紹益
④浄益
②浄益
③浄益
中村家
①宗哲
②宗哲
③宗哲
飛来家
①一閑
④一閑
②一閑
⑤一閑
③一閑
⑥一閑
樂家
①長次郎
④一入
②常慶
⑤宗入
③道入
⑥左入

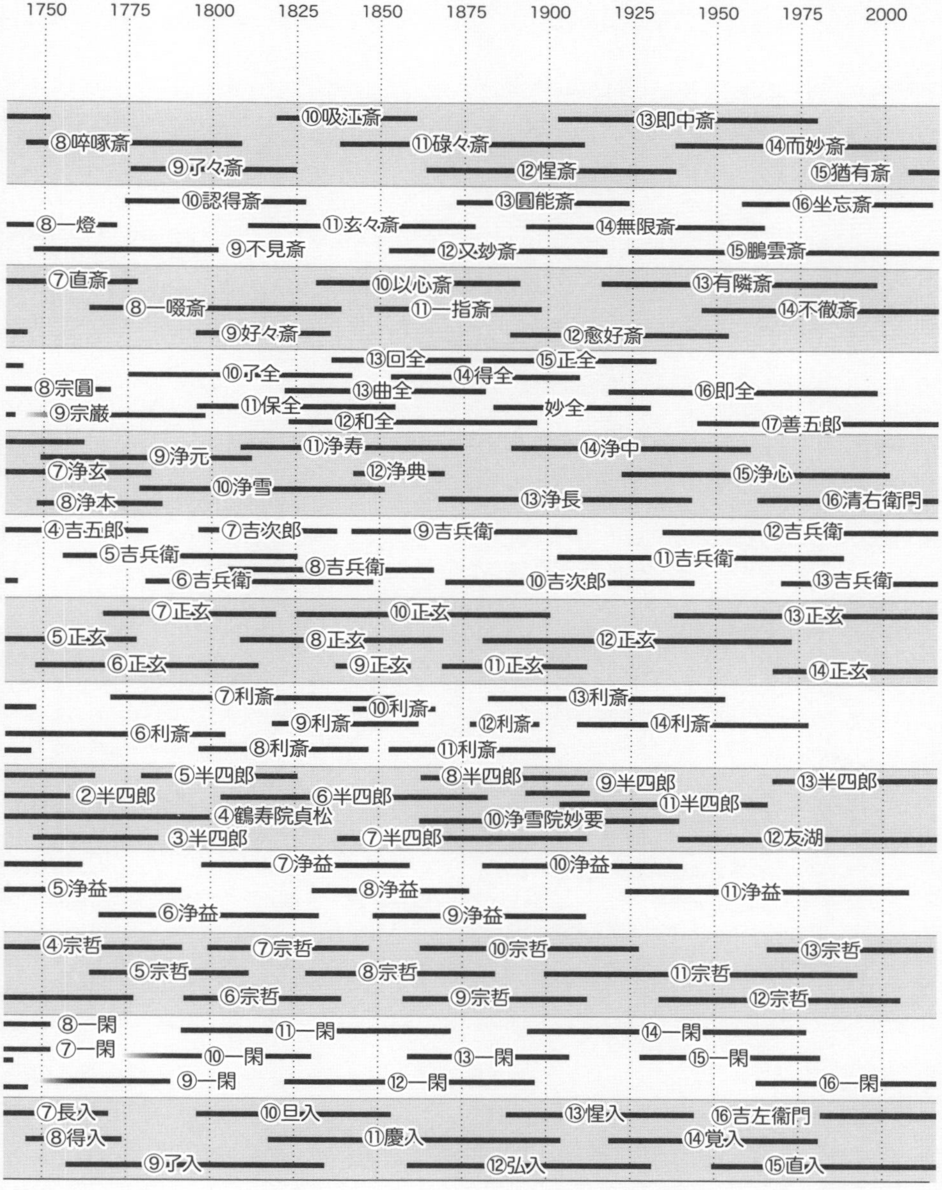
1750 1775 1800 1825 1850 1875 1900 1925 1950 1975 2000
⑩吸江斎 ⑬即中斎
⑧啐啄斎 ⑪碌々斎 ⑭而妙斎
⑨了々斎 ⑫惺斎 ⑮猶有斎
⑩認得斎 ⑬圓能斎 ⑯坐忘斎
⑧一燈 ⑪玄々斎 ⑭無限斎
⑨不見斎 ⑫又妙斎 ⑮鵬雲斎
⑦直斎 ⑩以心斎 ⑬有隣斎
⑧一啜斎 ⑪一指斎 ⑭不徹斎
⑨好々斎 ⑫愈好斎
⑬回全 ⑮正全
⑩了全 ⑭得全
⑧宗圓 ⑬曲全 ⑯即全
⑪保全 妙全
⑨宗巌
⑫和全 ⑰善五郎
⑪浄寿
⑨浄元 ⑭浄中
⑦浄玄 ⑫浄典 ⑮浄心
⑩浄雪
⑧浄本 ⑬浄長 ⑯清右衛門
④吉五郎 ⑦吉次郎 ⑨吉兵衛 ⑫吉兵衛
⑤吉兵衛 ⑪吉兵衛
⑧吉兵衛
⑥吉兵衛 ⑩吉次郎 ⑬吉兵衛
⑦正玄 ⑩正玄 ⑬正玄
⑤正玄 ⑧正玄 ⑫正玄
⑥正玄 ⑨正玄 ⑪正玄 ⑭正玄
⑦利斎 ⑬利斎
⑩利斎
⑨利斎 ⑫利斎 ⑭利斎
⑥利斎
⑧利斎 ⑪利斎
⑤半四郎 ⑧半四郎 ⑨半四郎 ⑬半四郎
②半四郎 ⑥半四郎 ⑪半四郎
④鶴寿院貞松 ⑩浄雪院妙要
③半四郎 ⑦半四郎 ⑫友湖
⑦浄益 ⑩浄益
⑤浄益 ⑧浄益 ⑪浄益
⑥浄益 ⑨浄益
④宗哲 ⑦宗哲 ⑩宗哲 ⑬宗哲
⑤宗哲 ⑧宗哲 ⑪宗哲
⑥宗哲 ⑨宗哲 ⑫宗哲
⑧一閑 ⑪一閑 ⑭一閑
⑦一閑 ⑩一閑 ⑬一閑 ⑮一閑
⑨一閑 ⑫一閑 ⑯一閑
⑦長入 ⑩旦入 ⑬惺入 ⑯吉左衛門
⑧得入 ⑪慶入 ⑭覚入
⑨了入 ⑫弘入 ⑮直入

主要国焼一覧

会津焼《あいづやき》　福島県会津若松に近い本郷で焼成。本郷《ほんごう》焼とも。藩主保科正之《ほしなまさゆき》により窯が開かれた。

明石焼《あかしやき》　兵庫県明石で焼かれた。藩主小笠原忠政が野々村仁清《にんせい》を招いて指導にあたらせた。

上野焼《あがのやき》　福岡県上野で焼かれた陶器。遠州七窯のひとつ。細川三斎により始められた。

赤膚焼《あかはだやき》　奈良で古くから焼かれる陶器。郡山藩主柳《やなぎ》沢尭山《さわぎょうざん》が五条村赤膚山に開窯させると一層名があがった。遠州七窯のひとつ。

阿漕焼《あこぎやき》　三重県津市で古安東焼を再興した窯のこと。

朝日焼《あさひやき》　京都府宇治で焼かれる陶器。遠州七窯のひとつ。「朝日」印は小堀遠州の字形とも。

有田焼《ありたやき》　佐賀県有田で焼かれる磁器の総称。慶長の役で朝鮮より渡来した李参平《りさんぺい》が開窯。

淡路焼《あわじやき》　兵庫県淡路島において文政年間に賀集珉《かしゅうみん》平《べい》が創始した。

粟田口焼《あわたぐちやき》　京都粟田口一帯の窯で焼かれた京焼。瀬戸の陶工三文字屋九右衛門が始めたといわれる。やがて粟田焼と通称される。

伊賀焼《いがやき》　三重県伊賀で焼かれる陶器。天正から宝永頃のものを古伊賀という。筒井定次《つついさだつぐ》の開いた窯では「筒井伊賀」が、かわって藤堂《とうどう》高虎《たかとら》がこの地に入ると、「藤堂伊賀」が焼かれた。

出雲焼《いずもやき》　出雲国(島根県)で焼かれる陶磁器。楽山焼、不志名《ふじな》焼の総称。雲州《うんしゅう》焼とも。

一方堂焼《いっぽうどうやき》　京都の角倉玄寧《すみのくらげんねい》（一方堂）が、別邸に仁阿《にんな》弥《み》道八《どうはち》を招いて焼いた御庭焼。

意東焼《いとうやき》　松江藩御用窯。長蔵山、雲陽長蔵山などの銘があり、中国製を模して「大明年製」としたものもある。

今戸焼《いまどやき》　江戸の土器。天正頃に始まる。後に初代白井半七が開窯すると「今戸焼」「隅田川焼」などと称された。

伊万里焼《いまりやき》　佐賀県伊万里港から各地へ運ばれた肥前産磁器の総称。有田焼を主にする。

因久山焼《いんきゅうざんやき》　因幡国（鳥取県）久能寺《くのうじ》で焼かれた陶器。久能寺焼、因幡焼ともいう。

伊部焼《いんべやき》　岡山県備前（伊部）で焼成される陶器。備前焼に総称される。

現川焼《うつつがわやき》　長崎県現川に田中刑部左衛門（宗悦）が開窯した。矢上《やがみ》焼とも。

網田焼《おうだやき》　熊本県網田の磁器窯で、寛政3年藩主細川侯が創始。民窯として存続。

大樋焼《おおひやき》　加賀藩の前田綱紀《まえだつなのり》に出仕した仙叟が、京より土師長左衛門《はじちょうざえもん》を連れて行き開窯。樂家の技術を直接伝えるただひとつの脇窯。

尾戸焼《おどやき》　高知県小津尾戸で焼かれた。文政3年に移窯すると、能茶山《のうさやま》焼と称された。

御深井焼《おふけやき》　名古屋城内の尾張徳川家の御用窯。

織部焼《おりべやき》　慶長から寛永年間に美濃国（岐阜県）で焼かれた加飾陶器の総称。古田織部《ふるたおりべ》が指導したともいわれる。

小鹿田焼《おんだやき》　大分県小鹿田皿山で焼かれる。旧小石原村から中野焼を伝えた高取分窯。

魁翠園焼《かいすいえんやき》
美濃の高須城主松平侯の御庭焼。瀬戸風の染付磁器で、万古《ばんこ》風の陶器や楽焼もある。

偕楽園焼《かいらくえんやき》
紀州徳川家の徳川治宝《はるとみ》が始めた御庭焼。樂旦入《たんにゅう》、永樂了全《りょうぜん》、保全《ほうぜん》などが従事。

蒲池焼《かまちやき》
福岡県柳川で焼かれた陶器。柳川《やながわ》焼とも。柳川藩藩窯。

吉向焼《きっこうやき》
大阪十三《じゅうそう》で吉向治兵衛が始めた陶器。将軍徳川家斉《いえなり》から「吉向」の印を拝領。

堯山焼《ぎょうざんやき》
大和郡山城主、柳沢堯山侯の御庭焼をいう。

京焼《きょうやき》
仁清《にんせい》時代から名づけられた京都の陶磁の総称。粟田口焼、清閑寺焼、音羽焼、清水焼、粟田焼、御菩薩《みぞろ》焼、野々村仁清、青木木米《もくべい》、奥田頴川《えいせん》などで、楽焼、尾形乾山を含む場合もある。

清水焼《きよみずやき》
京都東山清水の五条坂近辺で焼かれる陶磁器の総称。

九谷焼《くたにやき》
石川県金沢、小松、加賀、能美の各市に産出する陶磁器。江戸前期の古九谷と後期の再興九谷に大別される。

乾山焼《けんざんやき》
初代尾形乾山が京都鳴滝·二条·江戸入谷·武蔵佐野で焼いた陶器。

源内焼《げんないやき》
香川県さぬき市志度で平賀源内《ひらがげんない》により始められた陶器。

元贇焼《げんぴんやき》
中国明代の陳元贇が、名古屋で焼成した陶器。

小石原焼《こいしわらやき》
福岡県小石原で焼かれる。古高取最終の窯で、寛文5年に高取八蔵が開窯。

後楽園焼《こうらくえんやき》
水戸徳川家の江戸小石川邸後楽園内で始められた御庭焼。また、岡山後楽園で焼かれた岡山藩歴代藩主池田家の御庭焼。

古曾部焼《こそべやき》
大阪府高槻《たかつき》で江戸後期に焼成された陶器。遠州七窯のひとつ。

湖東焼《ことうやき》
滋賀県彦根の佐和山山麓で焼かれた陶磁器。彦根藩の藩窯となる。

篠山焼《ささやまやき》
兵庫県篠山の磁器。篠山藩藩窯として王地山山麓の窯で焼成したものは王地山《おうじやま》焼とも。

薩摩焼《さつまやき》
薩摩国(鹿児島県)産の陶磁器の総称。

三田焼《さんだやき》
兵庫県三田の陶磁器。特に青磁は三田青磁の名で知られる。

讃窯《さんよう》
讃岐(香川県)高松の松平侯の御庭焼。

志賀焼《しがやき》
長崎県対馬の志賀の陶磁器。

信楽焼《しがらきやき》
滋賀県信楽の陶器。茶人に好まれ、「紹鷗信楽」「利休信楽」「空中信楽」などの称もおこる。

閑谷焼《しずたにやき》
寛文年間、岡山池田侯の御庭焼。3代藩主の池田光政が閑谷学校の瓦を焼くために開窯したのが始まり。

賤機焼《しずはたやき》
静岡の賤機山麓で焼かれた陶器。

志戸呂焼《しとろやき》
静岡県島田市志戸呂の古陶。寛永年間には小堀遠州の好みで茶器を焼いたといわれる。遠州七窯のひとつ。

志野焼《しのやき》
瀬戸系の諸窯で焼かれる白釉手の陶器。紅志野、鼠志野、絵志野などがある。

渋草焼《しぶくさやき》
岐阜県高山で戸田柳造により開窯。飛騨赤絵、飛騨九谷と呼ばれる優品がある。

修学院焼《しゅがくいんやき》
寛文の頃、京都の修学院離宮で焼かれた後水尾院の御用窯。

小代焼《しょうだいやき》
熊本県南関町の小代山北麓の陶器。小岱焼とも。熊本藩細川侯の御用窯。

吸坂焼《すいさかやき》
石川県加賀市吸坂で焼かれた陶磁器。加賀藩主前田利常が瀬戸の陶工を招いて始めたという。

瑞芝焼《ずいしやき》　和歌山市畑屋敷で産した陶磁器。和歌山藩の御用を務めた。

隅田川焼《すみだがわやき》　文政の頃、佐原菊塢《さはらきくう》が江戸向島の百花園内に窯を築いたのが始まり。「今戸焼」の白井半七の作の一部を指すことも。

清閑寺焼《せいかんじやき》　京都の古窯。清閑寺僧宗伯が開窯、野々村仁清《にんせい》が門に入ったといわれる。

膳所焼《ぜぜやき》　滋賀県膳所で焼かれる陶器。小堀遠州の指導と考えられ、遠州七窯のひとつ。

瀬戸焼《せとやき》　愛知県瀬戸を中心に産した陶磁器の総称。鎌倉時代、加藤藤四郎景正《かげまさ》が天目《てんもく》や茶入を焼いたのが創始とも。

宗玄焼《そうげんやき》　裏千家の玄々斎の兄で尾張藩家老の渡辺規綱《のりつな》（又日庵《ゆうじつあん》）が、別邸の芝山荘内で焼いた陶器。

相馬焼《そうまやき》　福島県相馬市中村で焼成される相馬駒《こま》焼の田代《たしろ》窯は、相馬中村藩の藩窯。また双葉郡大堀の大堀相馬焼は民窯。

祖母懐焼《そぼかいやき》　愛知県瀬戸市祖母懐で焼かれた。古称により「うばがふところ」とも。

対州焼《たいしゅうやき》　対馬で焼成される朝鮮風のやきものの総称。

大聖寺焼《だいしょうじやき》　石川県加賀で江戸前期に焼かれた陶磁器。加賀藩支藩の大聖寺藩領内にあったことからの名称。

高槻焼《たかつきやき》　大阪府高槻で永樂保全が、藩主永井侯の招きで御庭焼として築窯。

高取焼《たかとりやき》　福岡県の陶器。慶長の役で黒田長政が朝鮮から連れ帰った高取八山《はちざん》により開窯。遠州七窯のひとつ。

高山焼《たかやまやき》　元和年間、竹屋源十郎が飛騨高山で焼いたもの。

玉川焼《たまがわやき》　東京都稲城で焼かれた陶器。裏千家の玄々斎の指導があったと伝える。

丹波焼《たんばやき》　兵庫県篠山《ささやま》を中心として平安末期から焼かれる陶器。安土桃山時代以前のものは「古丹波」とも。

帖佐焼《ちょうさやき》　鹿児島県始良《あいら》郡にあった宇都《うと》窯の陶器。島津義弘が朝鮮から連れ帰った金海（星山仲次）が創始したといわれる。

常滑焼《とこなめやき》　愛知県常滑の陶器。平安から鎌倉時代に焼かれたものは古常滑という。

砥部焼《とべやき》　愛媛県砥部町で焼かれる陶磁器。

苗代川焼《なえしろがわやき》　薩摩焼の一種。朝鮮陶工朴平意《ぼくへいい》らにより鹿児島県日置市東市来町付近に窯が築かれた。

鍋島焼《なべしまやき》　肥前佐賀藩主鍋島侯の御用窯。鍋島青磁、色鍋島などが焼かれ、将軍家、諸侯への贈答品に用いられた。

萩焼《はぎやき》　山口県萩市を中心に焼かれる陶器。毛利輝元が文禄・慶長の役で連れ帰った朝鮮人李勺光《りしゃくこう》、李敬《りけい》（坂高麗左衛門）が創始したとされる。

万古焼《ばんこやき》　三重県朝日町に沼浪弄山《ぬなみろうざん》が興した。これを古万古といい、その後、桑名の森有節《もりゆうせつ》が再興したものを有節万古、竹川竹斎が興したものを射和《いさわ》万古という。

半田焼《はんだやき》　河内国（大阪府）丹南から和泉八田庄で焼かれた。天正頃、豊臣秀吉から天下一の号を受けた八田玄斎が焙烙《ほうらく》を作り、茶人がこれを愛用したため焙烙の代名詞となる。

平戸焼《ひらどやき》　長崎県佐世保の磁器。平戸藩主松浦鎮信《まつらしげのぶ》が、朝鮮人陶工に窯を開かせたのが始まりとされる。

深川焼《ふかわやき》　山口県の萩焼の中で、深川の窯で焼かれたもの。現在は坂倉・坂田・新庄・田原の四家があるが、萩焼で総称される。

布志名焼《ふじなやき》　島根県松江市玉湯町布志名で焼かれる陶器のこと。

益子焼《ましこやき》　栃木県益子で焼かれる陶器。嘉永6年に始まるとされる。大正期に浜田庄司が移住し、民芸陶器の中心的窯場となった。

御菩薩焼《みぞろやき》　京焼の一種。野々村仁清《にんせい》の創始と伝承される。初め御菩薩池付近で焼かれた。

湊焼《みなとやき》　大阪府堺の陶器。室町期以来、塩壺で知られ、これをもとに利休が利休焙烙を好んだことが灰器の起こりとも。

美濃焼《みのやき》　美濃国(岐阜県)の東南部で産出する陶磁器。永く瀬戸焼に内包され、美濃焼の名称が定着するのは明治以後。

宮島焼《みやじまやき》　広島県厳島の陶器。御砂《おすな》焼とも。

虫明焼《むしあげやき》　岡山県瀬戸内市邑久《おく》町虫明の陶磁器。岡山藩主池田侯家老の伊木家の御庭焼に由来。

八代焼《やつしろやき》　熊本県八代の陶器。高田焼《こうだやき》とも。細川忠利が肥後に転封したのにともない開かれた御用窯。

楽山焼《らくざんやき》　島根県松江の陶器。松江藩主松平綱近が萩焼の倉崎権兵衛を招き、開窯。

理平焼《りへいやき》　讃岐国(香川県)高松侯の御庭焼。

工芸用語集

金工

青銅《せいどう》　銅·錫《すず》·鉛の合金。

砂張《さはり》　銅·錫に鉛·亜鉛などを含む合金。

唐銅《からかね》　銅と錫の合金。

四分一《しぶいち》　朧銀《ろうぎん》ともいい、銅に銀を四分の一加えたもの。

糸象嵌《いとぞうがん》　素地に文様を彫った後、糸状の細い金属をはめ込んで表面を平らにしたもの。

毛彫《けぼり》　鏨《たがね》で毛のような細線を刻んで、文字や文様をあらわす技法。

蹴彫《けりぼり》　鏨を軽く浮かせ、蹴るように打ち込んで、線や文様をあらわす技法。彫跡は楔《くさび》形をした点が連なるように続く。

透彫《すかしぼり》　鋳物や金属板などに鏨や糸鋸で文様を切り透かす技法。

鋤彫《すきぼり》　素地となる金属面に図様だけを鋤で彫るように肉太に深みをつけて彫り描く技法。鋤彫の高低によって高肉彫《たかにくぼり》、薄肉彫《うすにくぼり》という。

線刻《せんこく》　彫金の技法の一。線条を彫って、文字や文様をあらわす技法。

象嵌《ぞうがん》　金属、陶磁、木材などに異種の材料をはめ込む装飾技法。金工では、表面に鏨で文様を彫り、金銀などをはめ込んだもの。

高肉象嵌《たかにくぞうがん》　高肉彫されたものをはめ込んだもの。

鍛金《たんきん》　鍛造《たんぞう》、打物《うちもの》ともいう。金属を鎚でたたいて器物を造る技法。

鋳金《ちゅうきん》　金属を溶かして石や土の鋳型に流し込み、冷えてから取り出して表面を仕上げる技法。

彫金《ちょうきん》　金属の表面に鏨を使い、文字や文様を彫る技法。

点線彫《てんせんぼり》　鋭く尖った鏨で点線を打つ技法。

鍍金《ときん》　塗金とも書き、滅金《めっき》ともいう。

魚子地《ななこじ》　先端が小さな半球状で凹状に窪んでいる魚子鏨で、細かい円形を密にあらわす技法。

なめくり彫《ぼり》　先が薄く平たい鏨を金属面に押し当て、ずらしながら打ち込む技法。

布目象嵌《ぬのめぞうがん》　素地に細かい布目を彫り、金属をはめ込んだもの。

平象嵌《ひらぞうがん》　素地を平面的に彫り下げ、板状の金属をはめ込んで表面を平らにしたもの。

漆工

青貝《あおがい》　漆を塗った面や木地に貝殻で文様をはめ込んだもの。

沃懸地《いかけじ》　金粉や銀粉を一面に蒔き、その上に漆をかけて研ぎ出したもの。

一閑張《いっかんばり》　木型を使い、漆や糊で和紙を貼り重ねたものを器胎とした漆器。飛来一閑が創始したことからの名称。

色漆《いろうるし》　漆に絵の具を調合したもの。

漆拭《うるしぶ》き　拭漆。器胎の表面の保護のため、生漆を綿に浸ませて薄く拭くこと。

潤《うるみ》　黒漆が古色を帯びて飴色の透けた感じになったもの。

潤塗《うるみぬり》　黒塗に朱または弁柄を混合し、栗色で落ち着いた光沢を持つ塗上げにしたもの。

置上《おきあげ》　胡粉《ごふん》を盛り上げて、蒔絵などの下地にすること。

掻合塗《かきあわせぬり》　下地に柿渋を塗り、黒・弁柄などの色をつけて上塗りをしたもの。

鎌倉彫《かまくらぼり》　鎌倉時代に起こった彫刻の一種。中国の紅花緑葉をまねて、木地に簡素な文様を彫刻し、黒漆を主に朱、褐色などの漆を塗ったもの。

乾漆《かんしつ》　麻、絹などの布を型にあて、漆で貼り重ねて成形したもの。

切金《きりかね》　漆を塗った面に金銀の薄い延板を細かく切って貼り付けたもの。

切箔《きりはく》　金銀の箔を方形や菱形などに切り、糊を薄く刷いたところに落として貼ったもの。

蒟醤《きんま》　タイやミャンマー方面で、蒟醤（コショウ科の植物）を入れた器だったところからの呼称。籃地や木地に漆を塗ったものに蒟醤刀で彫刻し、朱・黒などの漆を詰めて研ぎ出したもの。

桂漿《けいしょう》　堆朱・堆黒の一種。赤・黄・黒の色漆の色層を彫り出して文様としたもの。

毛彫《けぼ》り　白銅・銀・砂張《さはり》などの表面に鏨《たがね》で細い線を彫って文様とする手法。螺鈿《らでん》や青貝の表面を彫ることもいう。

紅花緑葉《こうかりょくよう》　朱・黒・青の漆を塗り重ねたもので、花の文様が多い。

高台寺蒔絵《こうだいじまきえ》　京都東山の高台寺に伝わる、豊臣秀吉と北政所愛用の調度品に施された蒔絵及び同系統の作風のもの。平蒔絵、針描き、絵梨地の技法で、秋草や菊桐紋を散らしたものがある。

独楽《こま》　同心円文様を朱・黄・緑などの色漆で塗り分けたもの。中国南部及び東南アジアを中心に作られた。

肉合研出蒔絵《ししあいとぎだしまきえ》　高蒔絵と研出蒔絵を合わせたもの。文様を浮き彫り状に盛り上げた後、器面全体に漆を塗りかぶせ、研ぎ出したもの。

春慶塗《しゅんけいぬり》　木地を赤や黄に着色し、春慶漆という透漆を塗って、木目を見せたもの。

透漆《すきうるし》　生漆の水分を抜いたもので、飴色で半透明。

象嵌《ぞうがん》　金属、陶磁、木材などに異種の材料をはめ込む装飾技法。漆工では、青貝や螺鈿のように貝殻を切って素地に埋め込んだり、貼り付けたりしたものなど。

存星《ぞんせい》　文様の輪郭や細かい線を沈金にし、文様部分に色漆を塗り、または薄く彫り、色漆を充填して研ぎ出したもの。

高蒔絵《たかまきえ》　文様を高く肉上げした上に平蒔絵を施したもの。

溜塗《ためぬり》　朱・弁柄・黄漆で下塗り、中塗りをしたものの上に透漆を塗ったもの。

彫漆《ちょうしつ》　器胎に漆を塗り重ね、文様を彫り出したもの。

沈金《ちんきん》　漆を塗った上に針彫で文様を描き、そこに生漆を摺り込んで金箔を埋め込んだもの。

堆朱《ついしゅ》　木地の上から朱漆を塗り重ね、花鳥や人物などの文様を彫ったもの。

爪紅《つまぐれ》　黒漆、青漆などで作られた漆工品の外縁に朱漆を施すこと。

研出蒔絵《とぎだしまきえ》　研いでならした漆面に漆で文様を描いて金粉を蒔き、漆を薄く塗って蒔絵を研ぎ出したもの。

梨地《なしじ》　漆面に梨地粉（金粉）を蒔き、透明な梨地漆を塗って、研ぎ出さずに金粉を見せるもの。

平蒔絵《ひらまきえ》　漆面に漆で文様を描き、金粉または銀粉を蒔いて、透漆を塗って磨いたもの。

蒔絵《まきえ》　漆で文様を描き、乾くまでに金・銀などの金属粉や朱・黄などの色粉を蒔いたもの。

螺鈿《らでん》　漆を塗った上に夜光貝・蝶貝などを切って文様の形にはめたもの。

蠟色塗《ろいろぬり》　油分を含まない漆を塗り、表面に光沢が出るよう研磨して仕上げたもの。

陶磁

赤絵《あかえ》　赤を基調とし、緑・黄・青などで上絵付した陶磁器。中国江西省の景徳鎮《けいとくちん》を主産地とし、古赤絵・万暦《ばんれき》赤絵・天啓赤絵・呉須《ごす》赤絵などがある。

色絵《いろえ》　陶・磁ともに施される二色以上の釉上着画。

貫入《かんにゅう》　陶磁器の釉面にあらわれるひび割れのこと。

金襴手《きんらんで》・銀襴手《きんらんで》　中国明代の磁器。金や銀の彩色で文様を描いたもの。

交趾《コーチ》　中国南部が原産地とされる軟陶。緑・黄・紫の三色を主とする。

祥瑞《しょんずい》　中国明代末期に景徳鎮で作られた染付磁器。茶陶の染付では最上とされる。文様は唐画の山水、花鳥風月、丸文に人物・舟などが多い。

象嵌《ぞうがん》　金属、陶磁、木材などに異種の材料をはめ込む装飾技法。陶磁器では、素地に沈彫や押印の文様をつけ、異色の泥を塗り込み、釉薬をかけて焼いたもの。

染付《そめつけ》　白い素地に呉須で下絵付した磁器。中国では元に始まって明に完成し、日本では寛永年間頃に有田の李参平《りさんぺい》が始めた。

私にとっては大切なノートです。拾得された方は下記までご連絡ください。

NAME　　　　　　　　　　　　TEL.

ADDRESS

E-MAIL

淡交社編集局公式インスタグラム

@tankosha_ed

あなたのつくったすてきなページ、
みんなにも見てもらいませんか？
#MY茶の湯NOTEBOOK
をつけて投稿してみよう！

MY茶の湯NOTEBOOK

2020年10月14日　初版発行

編　者　淡交社編集局
発行者　納屋嘉人
発行所　株式会社 淡交社
本社　〒603-8588　京都市北区堀川通鞍馬口上ル
営業　075-432-5151　編集　075-432-5161
支社　〒162-0061　東京都新宿区市谷柳町39-1
営業　03-5269-7941　編集　03-5269-1691
www.tankosha.co.jp
印刷・製本　株式会社 渋谷文泉閣

©2020 淡交社　Printed in Japan

ISBN978-4-473-04417-4

落丁・乱丁本がございましたら、小社「出版営業部」宛にお送りください。送料小社負担にてお取り替えいたします。
本書のスキャン、デジタル化等の無断複写は、著作権法上での例外を除き禁じられています。
また、本書を代行業者等の第三者に依頼してスキャンやデジタル化することは、いかなる場合も著作権法違反となります。

デザイン　瀧澤弘樹